◆人気料理をつくる◆

和食の「たれ・合わせ調味料」

吉田靖彦・著

JN085802

※本書は、「和食の人気のたれ・合わせ調味料」（平成19年刊）に新しい
料理と新しいたれ・合わせ調味料を加えて再編集し、改題したものです。

旭屋出版

もくじ

本書をお読みになる前に

分量、材料について

■材料の軽量単位は、1カップは200㎖、大さじ1は15㎖、小さじ1は5㎖です。いずれもすりきりで計って下さい。材料のうち、「醤油」と表記してある場合は濃口醤油を指します。

■材料の分配表記中「適量」とある場合、材料の状況や好みに応じてほどよい分量をお使い下さい。なお、材料の大きさは、特に表示がない限り、標準的な大きさのものをお使い下さい。

■酒とみりんは、調理法によっては、適宜煮切ってアルコール分をとばしてからご使用下さい。

『たれ』『合わせ調味料』の表記について

■出来上がりの「たれ」「合わせ調味料」の量は適量で多めになっているものもあります。作る人数分に合わせて、各材料の分量を調整してください。

用語について

■材料のうち「だし」と表記してある場合は、昆布とかつお節でとっただし汁を使用しています。

■魚のおろし方について「おろし身」、「上身（じょうみ）」とあるものは、魚をおろしたあと、腹骨や小骨を除いたものを言います。上身はさらにおろし身の皮を引いたものをいう場合もあります。

■「立て塩」とは、海水程度の塩水のこと。魚介類や野菜の下ごしらえに使います。

■「塩みがき」とは、きゅうりやオクラなどの野菜に塩をまぶしてこすること。いばや産毛を除さ、鮮やかな色を山すための下ごしらえのひとつ。

刺身醤油

◆ 材　料

濃口醤油……………500ml	昆布…………………15g
たまり醤油…………150ml	カツオ節……………20g
みりん……………… 80ml	煮きり酒……………400ml

◆ 作り方

① 鍋に濃口醤油、たまり醤油、みりん、昆布を入れて火にかける。沸騰したらカツオ節を加えて火をとめる。そのまま一晩寝かせる。

② 翌日、煮きり酒を作る。前日に作った①を濾して、煮きり酒と合わせる。約6ヵ月保存可能。

NOTE

トロ、ブリなどの脂ののった魚の刺身用には、煮きり酒を少なめに加えて刺身醤油を作ります。反対に、ヒラメやスズキや鯛などの白身魚、イカの刺身用には煮きり酒を上記の分量より多くすると、より相性が良くなります。

一流店では、魚介の種類によって調合した醤油を使い分けるところもあるそうです。見た目は普通の醤油のようでも、だしの配合、みりんの分量で、料理長の〝自分の醤油〟にして提供するのが、プロのひと手間です。作り置きもできるので、ご家庭でも〝特製の刺身醤油〟に挑戦してみましょう。自家製の刺身醤油を添えるだけで、ちょっと贅沢な気分を味わえます。

【材　料】〈1人分〉
刺身醤油適量／タイ（上身）30g／マグロ（トロ）30g／剣イカ20g／つまー大根30g、ラディッシュ適量／大葉1枚、うど20g、金時人参20g／あしらいー芽じそ少々、わさび少々、すだち1/8個

【作り方】

① タイは刺身用にサク取りしたものを用意し、引き造りにする。

② トロは角造りにする。

③ 剣イカは上身にしたものを用意し、サクに取り、細く庖丁を入れ、そぎ造りにして巻く。

④ けんを作る。大根はかつらむきにして、端から細く切る。ラディッシュもごく細く切る。それぞれ水にさらす。

⑤ よりうどを作る。うどは皮をむき、かつらむきにする。斜めに切って水にさらして、よらせる。水に漬けてもよらない場合は、菜箸などに巻きつけてよらせるとよい。同様にしてより人参を作る。

⑥ 器にかいた氷を敷き、大根とラディッシュのけんを盛り、大葉を立てかけ、①～③を盛り、芽じそとわさび、すだちをあしらう。別に刺身醤油を添える。

刺身盛り合わせ

ごまソース

◆ 材料

エキストラヴァージンオリーブ油
　　　　　　　　　　　　100ml
にんにく……………… 1片
ごま油……………… 100ml
練りごま…………… 100ml

マヨネーズ………… 100ml
酢…………………… 200ml
濃口醤油…………… 200ml
豆板醤…………… 小さじ1

◆ 作り方

① 最初にガーリック油を作る。にんにくは薄切りにし、水気をよく拭く。オリーブ油でにんにくをじっくりと揚げる。にんにくは焦がさないように注意することが大切。この揚げ油をガーリック油として使い、揚げたにんにくはにんにくチップとして使う。

② ①のガーリック油とその他の材料を混ぜ合わせて、冷やしておく。

鮪のごまソース造り

刺身をソースで食べたり、刺身をサラダ感覚で楽しんだり、自由な発想で作れば、刺身の楽しさも広がります。ごまだれでも、そこに油を加えたり、辛味を足すことで、刺身だけでなく、生野菜もおいしく食べられるソースに変わります。ごまの風味だけが主張しないよう、風味よく作りましょう。

【材料】

ごまソース適量／マグロ（中トロ）1kg
オリーブ油適量／レッドオニオン1/2個／みょうが3個／貝割れ菜1/2パック／あさつき1/2束／大根50g／大葉10枚／ラディッシュ2個／にんにくチップ適量

【作り方】

① フライパンにオリーブ油を敷き、マグロをサクのまま焼く。表面の色が変わったら、すぐに氷水に取る。冷めたら水気を切る。2cmくらいの厚みに切る。

② レッドオニオン、大根はごく細く切り、水にさらす。貝割れ菜とあさつきは3cmの長さに切る。みょうがは小口切りにして、水にさらす。

③ 器に水気を切った②を盛り、①のマグロを並べ、薄い輪切りにしたラディッシュとにんにくチップを散らす。別にごまソースを添える。

鮪のタルタル千枚蕪包み

マグロの赤身を叩き、タルタルソースと合わせるとトロの風味が生まれます。酸味のあるかぶの千枚漬けに挟むとお洒落な前菜に。

タルタルソース

◆ 材 料

マヨネーズ…大さじ1/2
フレンチマスタード
　………… 小さじ1
溶き辛子… 小さじ1/4
塩・胡椒……… 各少々

◆ 作り方

材料をよく混ぜる。

【材　料】〈1人分〉
タルタルソース上記全量／マグロ（赤身）40g／かぶの千枚漬け1枚／ケッパー2個／ラディッシュ（薄切り）2枚／あさつき1本

【作り方】
①マグロは庖丁の刃で細かく叩いてボウルに入れ、タルタルソースで味つけする。
②かぶらの千枚漬けに①のマグロを包み、食べやすい大きさに切る。器に盛り、ケッパー、ラディッシュ、あさつきをあしらう。

ドレッシング

◆ 材 料

サラダ油…… 小さじ1
濃口醤油… 小さじ1/4
みりん…… 小さじ1/5
ごま油…… 小さじ1/4
塩・胡椒……… 各少々

◆ 作り方

材料をよく混ぜ合わせる。

平目の千草和え

あり合わせの野菜とヒラメの薄造りをサッと合わせた一品です。揚げワンタンやピーナッツを加えると歯触りも楽しい。

【材　料】〈1人分〉
ドレッシング上記全量／ヒラメ（上身）50g／きゅうり少々／大根少々／黒皮かぼちゃ少々／あさつき1本／大葉2枚／芽じそ少々／ワンタンの皮1枚／ピーナッツ、ピスタチオ各少々／すだち1/4個／花穂じそ1本

【作り方】
①ヒラメの上身は薄くそぎ切りにする。
②きゅうり、大根、黒皮かぼちゃは、それぞれかつらむきにしてから細切りにして水にさらす。
③あさつきは2cm長さに切る。大葉は細切りにする。
④ワンタンの皮は揚げてくだき、ピーナッツ、ピスタチオも庖丁で細かくくだく。
⑤ボウルに①のヒラメを入れてドレッシングで味つけし、②、③、④を加え混ぜてすだちの絞り汁をかける。器に盛り、花穂じそをあしらう。

鯛の酒盗漬け

【材　料】〈1人分〉

酒盗たれ左記全量／タイ（上身）30g

【作り方】

①タイの上身はそぎ切りにして酒盗たれと混ぜ合わせる。

もずくとろろ

【材　料】〈1人分〉

八方酢適量／糸もずく30g／吸汁八方だし（24ページ参照）適量
／生姜（みじん切り）少々／山芋（おろしたもの）10g／ミニオ
クラ1本／梅肉少々

【作り方】

①もずくは塩抜きをしてそうじをし、庖丁で軽く叩いて熱湯にく
　ぐらせ、冷水にとってザルに上げる。

②①のもずくを洗ってから生姜のみじん切りを加えた八方酢に漬
　け込む。

③ミニオクラは塩茹でしてから吸汁八方だしに漬け込み、小口切
　りにする。

④器に②のもずくを入れて山芋をのせ、梅肉を落としてミニオク
　ラをちらす。

づけ鮪の納豆和え

【材　料】〈1人分〉

マグロづけ汁適量／マグロ（赤身）20g／納豆15g／わけぎ少々／
溶き辛子少々／濃口醤油少々／針海苔少々

【作り方】

①マグロは小さい角切りにしてづけ汁に10分漬ける。

②納豆は庖丁の刃で叩き、刻んだわけぎ、溶き辛子を混ぜ、濃口
　醤油少々で味を調え、①のマグロと混ぜ合わせて器に盛り、針
　海苔を上にのせる。

マグロ づけ汁

◆材　料

煮きり酒…………50ml
濃口醤油…………50ml
みりん……………30ml

◆作り方

材料をよく混ぜる。

海の幸を使った珍味の組み合わせ。旨みの強い
酒盗漬けやづけマグロの間に、八方酢に漬け込
んだもずくを置いて、口直しにします。

酒盗たれ

◆材料

酒盗·············· 20g　　卵黄·········· 1/3個分
煮きり酒·········· 適量

◆作り方

酒盗はザルに入れてさっと水洗いして水気をきり、
煮きり酒でもう一度洗ってから庖丁の刃で叩き、
卵黄と混ぜ合わせる。

八方酢

◆材料

だし·············· 100ml
酢·················· 15ml
みりん·············· 15ml

◆作り方

材料を合わせて火にか
け、一度煮立たせて冷
ます。

◆材料・分量
土佐醤油……………………100ml
煮切り酒…………………… 40ml
煮切りみりん……………… 10ml
生ウニ裏漉し……………… 80g
生ウニを漉してなめらかにしてあたり鉢に入れ、調味料と合わせる。コクが出てくる。

◆適応
アワビの薄造り、イカの細造り、ヒラメ、タイ…など。

ウニ醤油

生ウニを使った贅沢な味わいの刺身醤油。独特の甘みとコクが、刺身をおいしくする。

◆材料・分量
濃口醤油……………………700ml
たまり醤油…………………200ml
みりん………………………100ml
花カツオ…………………… 50g
昆布………………………… 25g
鍋に調味料を入れて加熱し、沸騰してきたらアクをとり、花カツオを加えて火からおろす。一晩置いてから、布漉しする。

◆適応
トロ、ブリ、カンパチなど脂の強い魚

土佐醤油

基本の刺身醤油。おろしわさびやおろし生姜を入れて味わう。ほとんどの魚介類の刺身に合う。

◆材料・分量
土佐醤油……………………100ml
煮切り酒…………………… 60ml
煮切りみりん……………… 30ml
梅肉………………………… 30g
あたり鉢で梅肉はよくのばし、調味料と合わせる。

◆適応
タコ薄造り、カツオ湯引き、フグ湯引き、タイ、ヒラメ、甘ダイなど。

梅肉醤油

健康食としても人気が高い梅干しを加えた刺身醤油。さっぱりとした味わいが食欲を刺激する。

◆材料・分量
土佐醤油……………………100ml
煮切り酒…………………… 70ml
二つを混ぜ合わせる。

◆適応
タイやヒラメなどの白身魚、イカといったあさりとした淡白な甘みが特徴の刺身に向く。

加減醤油

土佐醤油に煮切り酒などを加え、醤油のコクを加減したもの。

◆材料・分量
酒……………………………500ml
梅干し……………………… 3個
淡口醤油…………………… 5ml
みりん……………………… 5ml
花カツオ…………………… 10g
鍋に酒と梅干を入れ、3分の2の量になるまで煮詰める。薄口醤油、みりん、花カツオを加え、火からおろし、布漉しする。

◆適応
甘ダイ昆布〆細造り、ヒラメ昆布〆薄造りなど。

煎り酒

ほとんど醤油を加えないまろやかな口当たりが、白身の魚や昆布〆した魚のおいしさを引き出す。

◆材料・分量
すだち酢……………………270ml
かぼす酢……………………180ml
煮切り酒……………………110ml
煮切りみりん………………190ml
濃口醤油……………………400ml
たまり醤油………………… 90ml
米酢………………………… 45ml
野菜スープ………………… 60ml
（白菜、キャベツ、人参、白葱、玉葱、りんごを水に入れ煮詰めたもの）
花カツオ…………………… 20g
昆布………………………… 15g
味の素……………………… 少々
材料を合わせて、1週間置いてから布漉しする。

◆適応
フグ、アンコウ、タイ、クエ、タラ白子など、淡白な味わいの魚によく合う。

ポン酢醤油

淡白な白身魚だけでなく、脂の強い魚、サラダ料理、鍋物に…と、幅広く使うことができる。

ドレッシングいろいろ

◆材料・分量
プレーンヨーグルト…… 100g
マヨネーズ…………… 100g
黄身酢(17ページ参照)…… 大さじ2
レモン汁…………… 小さじ1
砂糖…………… 小さじ1/2
ケチャップ……… 小さじ1/2
ポン酢醤油………… 小さじ1
塩・胡椒…………… 各少々
材料をよく混ぜ合わせる。

◆適応
フルーツのサラダのほか、エビやカニのドレッシングとしてもよく合う。

ヨーグルトドレッシング

ヨーグルトのさわやかな酸味とクリーミーな味わいが、女性にはうれしい。

◆材料・分量
酢…………… 大さじ2
濃口醤油………… 大さじ2
紹興酒………… 大さじ2
みりん…………… 小さじ1
砂糖…………… 小さじ1/2
長ねぎみじん切り… 大さじ2
生姜みじん切り…… 小さじ1
ラー油…………… 小さじ1
ごま油…………… 大さじ1
材料をよく混ぜ合わせる。

◆適応
サラダ全般に合う。

中華ドレッシング

ピリッとした辛味とごま油の風味が、独特のおいしさをつくる中華味。

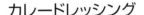

◆材料・分量
酢…………… 50ml
濃口醤油………… 大さじ2
サラダ油………… 90ml
カレー粉………… 大さじ1/2
マヨネーズ……… 大さじ1
塩…………… 小さじ1/2
玉ねぎみじん切り… 大さじ1
パセリみじん切り… 小さじ1
サラダ油以外の材料を混ぜ合わせ、サラダ油を撹拌しながら混ぜる。

◆適応
鶏肉やエビ、温野菜にもよくあう。

カレードレッシング

カレーの風味が食欲を誘う夏向きのドレッシング。分離しやすいので、よく撹拌することがおいしさのポイント。

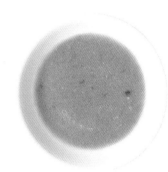

◆材料・分量
サラダ油…………100ml
ごま油…………100ml
練りごま…………100ml
マヨネーズ…………100ml
濃口醤油…………200ml
豆板醤………… 小さじ1
にんにく…………… 1片
すり鉢でにんにくをすりおろす。練りごま、豆板醤、醤油を加えてすり、サラダ油とごま油、マヨネーズを加えて混ぜ合わせる。

◆適応
野菜はもちろん、魚介類、肉類のサラダにもよく合う。

ごまドレッシング

ごまの香ばしい風味が食欲を刺激する。コクと旨みがあり、クセになる味わい。ごまを使うヘルシー感も人気。

◆材料・分量
サラダ油…………120ml
白ワインビネガー……… 40ml
塩・胡椒…………… 各少々
白ワインビネガーにサラダ油を加えながらかき混ぜ、塩・胡椒で味を調える。

◆適応
素材の味を楽しむサラダなら、なんでも合う。

フレンチドレッシング

基本のドレッシングの一つ。これに、醤油や練りごまなど他の調味料をさらに加えるだけで変わりドレッシングができる。

◆材料・分量
大葉…………… 30枚
にんにく………… 1/4片
アンチョビー………… 2枚
ケッパー………… 大さじ1
オリーブ油………… 大さじ4
サラダ油………… 大さじ4
レモン汁………… 大さじ2
米酢…………… 大さじ2
淡口醤油………… 大さじ4
砂糖…………… 小さじ1
すり鉢でにんにくをすりおろし、アンチョビー、ケッパーを加えてすり合わせる。細かくせん切りにした大葉を入れてすり、調味料、油類を混ぜてなめらかに仕上げる。

◆適応
タイなどの白身魚のサラダに。

しそドレッシング

イタリア料理のカルパッチョ風ドレッシング。しその香りと奥深い味が特徴。

のたれ・合わせ調味料

土佐酢

◆ 材 料

水	90ml	みりん	30ml
酢	90ml	カツオ節	少々
淡口醤油	30ml		

◆ 作り方

①鍋に水、酢、醤油、みりんを合わせてひと煮立ちさ
せる。カツオ節を加えて火をとめ、そのまま冷ます。

②冷めたら濾してでき上がり。

NOTE

19ページの「土佐酢ゼリー」では、
土佐酢をゼラチンでゆるめにかた
めています。また、次の17ペー
ジでご紹介する「黄身酢」は土佐
酢をベースに作っています。貝類、
エビ、イカ、タコなどいろいろな酢
の物に使います。

ホタテ貝柱とトリ貝の酢の物

【材　料】〈1人分〉
土佐酢適量／ホタテ貝柱1個／トリ貝2枚／金時人参20g
板水前寺海苔少々／三つ葉少々
【作り方】
①貝柱は短冊切りにする。酒炒りして、ざるに上げる。
②トリ貝はそうじをして、1cm幅の縦切りにする。
③金時人参は皮をむいて短冊切りにし、茹でる。
④板水前寺海苔はぬるま湯で戻して、短冊切りにする。
⑤三つ葉は葉を取って茎だけを使う。さっと下茹でして、
　2cm長さに揃える。
⑥①～④は土佐酢で酢洗いし、その土佐酢は捨てる。
⑦器に⑥で酢洗いした①～④を盛り、土佐酢をはる。仕上
　げに⑤の三つ葉をあしらう。

土佐酢は、調味料がひと煮立ちしたところへ、
追いガツオをして作る、風味のよい合わせ酢
です。魚介類と合わせると、とても味が引き
立ちます。ただしあまり日持ちしないので、
作ったらすぐに使うようにしましょう。

鮑とうどの黄身酢がけ

【材 料】〈1人分〉

黄身酢適量／アワビ120g／大根50g／酒少々／うど30g／菜の花３本／花弁百合根３枚／水前寺海苔適量／土佐酢（14ページ参照）

【作り方】

①アワビは塩みがきし、殻をはずす。水に酒、輪切りにした大根を入れて、約１時間弱火にかける。冷ましてから、乱切りにする。

②うどは皮をむき、乱切りにし、酢水に漬ける。さらに酢を加えた湯で下茹でする。

③菜の花は塩茹でにし、水にさらす。

④水前寺海苔はぬるま湯で戻しておく。

⑤器に①〜④の水気を切って盛って、黄身酢をとろりとかける。仕上げに器の底に少量の土佐酢を流し込む。

アワビにうど、菜の花を取り合わせ、コクのある黄身酢をたっぷりかけた、目にも鮮やかな酢の物です。肝を添えるといっそう贅沢な気分が味わえます。

◆ 材 料

卵黄…………………………４個分
土佐酢（14ページ参照）…100ml

◆ 作り方

①土佐酢を作る。土佐酢に卵黄を合わせ、湯せんにかけながらよく混ぜる。

②固まってきたらすぐに冷水にあてて、粗熱を取る。

NOTE

卵黄は温度が高すぎるとかたまってしまい、食感が悪くなるのでとろみがつき始めたら、湯せんからはずして撹拌した方が失敗は少ないでしょう。黄身酢をゼラチンでかためて黄身酢かんを作り、さいの目に切って、散らしてもきれい。

黄身酢

平目の野菜巻き 生姜酢添え

白身の刺身は、そのほのかな甘みに魅力があります。醤油はもちろん合いますが、その甘みを引き立てる生姜酢でいただくと、また格別です。白身に合わせて、濃口ではなく淡口醤油で作ると、刺身にかけたときもキレイです。

生姜酢

◆ 材 料

水…………………… 大さじ3	みりん………………… 大さじ1
酢…………………… 大さじ3	カツオ節…………… 少々
淡口醤油………… 大さじ1	生姜の絞り汁…… 小さじ1

◆ 作り方

① 鍋に水、酢、醤油、みりん、カツオ節を合わせてひと煮立ちさせ、濾して冷ます。

② ①に生姜の絞り汁を加えて混ぜる。

NOTE

サバ、アジ、イワシのほか、スズキやタチウオ、鯛、エビや貝類の刺身にも添えたり、かけたり。左ページの土佐酢ゼリーのようにゼリー寄せにすると、見た目の涼しさも演出できます。

【材 料】〈1人分〉

生姜酢適量／ヒラメ（上身）100g／長芋少々／きゅうり少々／人参少々／卵1個／焼き海苔1/2枚／ほうれん草1/4束／吸汁八方だし（24ページ参照）

【作り方】

① ヒラメは上身にしたものを用意し、薄くそぎ切りにする。

② 長芋、きゅうり、人参は細長く切る。

③ 薄焼き卵を作る。

④ 巻き簾の上に③の薄焼き卵、海苔、①のヒラメを重ねて、②の長芋をおく。手前からしっかりと巻いていく。同様にして、きゅうりと人参も巻いていく。1.5cm幅に切る。

⑤ ほうれん草は塩茹でにし、水に取って絞り、吸汁八方だしにひたす。軽く絞って食べよく切る。

⑥ 器に④と⑤を盛りつけて、生姜酢を張る。

サーモン三色巻き　土佐酢ゼリーがけ

プルンとしたゼリーが見た目にも口当たりに涼しく、新鮮な趣きです。取り合わせる魚介や野菜を変えたり、ゼラチンの量を増やして固めに作り、細かく切ってかけてもきれいです。

【材　料】〈1人分〉
土佐酢ゼリー適量／サーモン30g／パパイヤ少々／花丸きゅうり
少々／長芋少々／飾り－ラディッシュ少々、防風1本

【作り方】
①サーモンは薄くそぎ切りにし、薄く塩をふる。
②パパイヤは皮をむき、4cm長さの拍子木切りにする。
③花丸きゅうりは塩みがきし、4cm長さに切り、熱湯に通して色出しをする。
④長芋は4cm長さの拍子木切りにし、酢水に漬ける。
⑤ラディッシュは薄くそぎ切りにし、水にさらす。
⑥防風は茹でて、冷水に漬ける。
⑦①のサーモンの上に②のパパイヤをおいて、手前から巻く。同様にして③の花丸きゅうりと④の長芋をサーモンで巻く。
⑧器に盛り、土佐酢ゼリーをかけ、ラディッシュと防風を飾る。

土佐酢ゼリー

◆材　料
土佐酢（14ページ参照）…50ml
粉ゼラチン………… 小さじ1
水…………………… 小さじ1

◆作り方
①ゼラチンは同量の水で戻しておく。
②土佐酢をひと煮立ちさせて火を止め、①の戻したゼラチンを加えて冷やし固める。

松葉ガニの酢の物

カニやエビには、独特の甘みがあります。この甘みを引き立てるのが、生姜の風味。ここでは18ページの生姜酢のバリエーションを紹介します。だしと濃口醤油を使うことで、生姜酢より深みのある味わいに仕立てました。

黒　酢

◆ 材 料

だし(93ページ参照)…大さじ1	みりん……　大さじ1/2
酢……………大さじ1	カツオ節…………少々
濃口醤油……大さじ1/2	生姜の絞り汁……少々

◆ 作り方

①だし、酢、濃口醤油、みりんを鍋に入れて、ひと煮立ちさせる。

②ひと煮立ちしたら、カツオ節を加え、火を止める。冷めたら濾して、生姜の絞り汁を加えて完成。

【材　料】〈1人分〉

黒酢適量／松葉ガニ80g
つまーきゅうり1/4本、わかめ15g、うど20g

【作り方】

①松葉ガニは塩を加えた水で約25分間茹でて、ザルに上げ、食べやすい大きさに切る。

②きゅうりは塩みがきし、小口切りにして立て塩に漬ける。わかめは戻し、食べやすい大きさに切る。うどは皮をむいてかつらむきにし、針打ちにして水にさらす。

③器に水気を切った②をこんもりと盛り、松葉ガニを盛る。別に黒酢を添える。

蛸ときゅうりの酢の物

「三杯酢」は、酢・淡口醤油・みりんを同割で合わせたものが基本となります。ここでは酢を少し多めに配合し、さらにだしを加えました。こうすることで、まろやかな味になります。だしを加えない場合には冷蔵保存できるので、作りおきすると重宝。

三杯酢

◆ 材 料

だし(93ページ)…大さじ2	淡口醤油 …大さじ1 1/2
酢…………大さじ2	みりん……大さじ1 1/2

◆ 作り方

①鍋に材料を合わせて、ひと煮立ちさせる。

②自然に冷ましてから使う。

NOTE

あらかじめ材料の野菜や魚介類などを三杯酢で酢洗いすると水っぽさがなくなり、味のなじみもよくなります。ワンランク上の酢の物を作る大切なポイントです。

【材　料】

三杯酢適量／活タコ60g／酢少々／濃口醤油少々／きゅうり1/3本
オクラ2本／長芋20g／みょうが1/2本

【作り方】

①活タコは塩でよくもむ。水洗いして、きれいにぬめりを取る。足を切り離し、酢、濃口醤油を加えた湯で約10分間茹でて、ざるに上げる。食べやすい大きさに切る。

②きゅうりは塩みがきして、色を出し、隠し庖丁を入れて蛇腹切りにする。立て塩に漬けた後、1cm長さに切る。

③オクラはがくを取り、塩みがきする。下茹でして、すぐに冷水にとる。

④長芋は皮をむき、1cm角に切り、酢水に漬ける。

⑤みょうがはごく細く切り、水にさらす。

⑥水気をよくきった①〜④と三杯酢を和える。器に盛り、⑤をのせる。

豚肉のあっさり和え

豚肉をサラダ風に食べる醤油だれです。醤油・酢・ごま油を
同量混ぜることで、さっぱりしながらも風味よく仕上げます。
たれと和えてから冷やして食べてもよいでしょう。

【材　料】
醤油だれ適量／豚ロース肉（薄切り）200g
牛乳少々／小麦粉少々／きゅうり3本
白ねぎ1本／赤ピーマン1/4個
花カツオ少々／サラダ油適量

【作り方】
①豚ロース肉は食べやすい大きさに切り、牛乳を
　ふりかけ、小麦粉をまぶす。
②フライパンにサラダ油を熱し、①の豚肉を炒め
　る。余分な油はふきとる。
③きゅうりは塩でみがき、色出しして縦半分に切
　り、さらに斜め切りにする。
④白ねぎは斜め切りにし、水にさらす。
⑤赤ピーマンはせん切りにし、歯応えが残る程度
　に茹でる。
⑥醤油だれと②〜⑤を和えて器に盛る。仕上げに
　花カツオを天盛りにする。

醤油だれ

◆ 材　料

濃口醤油…………50ml
酢…………………50ml
ごま油……………50ml
砂糖……　大さじ1 1/2
豆板醤…………　少々

◆ 作り方
材料をよく混ぜ合わせる。

鮑ゼリー寄せ胡麻クリーム敷き

【材　料】〈1人分〉

ごまクリーム適量／アワビ20g／大根50g／酒少々／長芋20g／金時人参20g／車エビ1/2尾／そら豆2個／生姜10g／吸汁八方だし（24ページ参照）適量

●アワビ煮汁用調味料
濃口醤油30ml／酒40ml／みりん40ml

●ゼリー用の調味料
だし汁100ml／濃口醤油10ml／みりん10ml／水（ゼラチン用）適量
板ゼラチン2g

【作り方】

①アワビは塩みがきし、殻をはずす。水、酒、輪切りの大根とともに約1時間炊く。このアワビの煮汁（400ml）に濃口醤油、酒、みりんを合わせ、さらに約2時間蒸し煮にする。柔らかくなったら、ひと口大に切る。

②金時人参は丸く抜いて、湯通ししてから吸汁八方だしで炊く。

③車エビはのし串を打ち、塩茹でして、ざるに上げる。

④そら豆はさやから出して薄皮をむく。15分間ぐらい塩に漬けた後、3分間強火で蒸す。

⑤山芋は皮をむいて乱切りにして、酢の入った湯で下茹でする。

⑥生姜は針打ちにし、水にさらす。

⑦ゼリー用のだし、濃口醤油、みりんを沸かす。ひと煮立ちしたら火を止めて、水で戻した板ゼラチンを入れる。そのまま冷やして固まりかけたら、①～⑤とともにラップに包み、茶巾に絞る。冷蔵庫で固める。

⑧器にごまクリームを敷いて⑦を盛り、⑥の針生姜を天盛りにする。

やわらかく蒸し煮にしたアワビを歯触りの違う野菜とともにゼリーに。なめらかでコクのあるごまクリームですすめます。

ごまクリーム

◆材　料

炒りごま	大さじ1
だし（93ページ参照）	大さじ1
淡口醤油	小さじ2
煮きりみりん	小さじ2
砂糖	小さじ2
塩	少々

◆作り方

すり鉢で炒りごまをすり、その他の材料を加える。よく混ざったらでき上がり。

三度豆のごま和え

ほんのりとした甘味がからんだごま和え衣が、野菜の持ち味を引き立てます。ごま和えは、和え衣と素材の相性がとても大事。材料にあらかじめ下味をつけておくと、味のなじみがアップします。

【材料】

ごま和え衣適量／三度豆（さやいんげん）5本／うど30g
金時人参20g／吸汁八方だし適量／炒りごま少々

※吸汁八方だしについて

【材料】
だし（93ページ参照）1000ml
淡口醤油小さじ1／塩小さじ1
【作り方】
だしに調味料を加えて、ひと煮立ちさせる。

【作り方】

① 三度豆は5cm長さに揃え、塩茹でする。

② うどは5cm長さの拍子木切りにし、酢水（水400mlに対して酢小さじ1）に漬けてから茹でる。

③ 金時人参もうどと同様に切り、茹でる。

④ ①～③は吸汁八方だしでさっと炊いて、すぐ冷ます。

⑤ 水気をよく切った④を、ごま和え衣で和える。器に盛って、炒りごまをあしらう。

ごま和え衣

◆ 材料

炒りごま……… 大さじ2	濃口醤油………… 10ml
だし（93ページ参照）	煮きりみりん…… 5ml
……………… 30ml	砂糖……… 小さじ1/2

◆ 作り方

① 炒りごま以外の調味料を合わせておく。

② すり鉢で炒りごまをよくすり、①の調味料を少しずつ流し込み、よく混ぜる。

山菜のごま味噌和え

ごまの香りと風味は山菜のほろ苦さと好相性。練り味噌をベースに作るごま味噌なら、材料とのからみもよく、こっくりとした味わいが楽しめます。なめらかに仕上げるのがポイントです。

【作り方】

①たらの芽は塩と重曹を入れた湯で茹で、水にさらす。冷めたら吸汁八方だしに漬け込む。

②うどは皮をむいて乱切りにし、酢水に漬けてアクを抜く。酢を入れた湯で茹でて水にさらしてから、吸汁八方だしに漬け込む。

③筍は米ぬかとタカの爪を加えて、下茹でする。そのまま冷ましてから水洗いする（50ページ参照のこと）。乱切りにして、吸汁八方だしで炊く。

④うるいは3cm長さに切り、塩茹でしてざるに上げる。

⑤こごみは塩と重曹を入れた湯で茹でて水にさらした後、吸汁八方だしに漬け込む。

⑥クコの実は吸汁八方だしに漬けておく。

⑦①〜⑤は水分をよく切って、ごま味噌と和える。

⑧器に盛り、クコの実を飾る。

【材　料】〈1人分〉

ごま味噌適量／たらの芽3本／重曹少々／山うど30g／筍30g／米ぬか・タカの爪各適量／うるい1本／こごみ3本／クコの実2個／吸汁八方だし（24ページ参照）適量

ごま味噌

◆ 材　料

白味噌……………	10g	みりん………	大さじ1
麦味噌または大豆味噌（やや辛口）………	10g	砂糖………	小さじ1
		炒りごま……	大さじ2
酒…………	大さじ2		

◆ 作り方

①炒りごま以外の材料を鍋に入れて弱火で5分間練って練り味噌を作り、冷ましておく。

②すり鉢でごまをよくすり、①の練り味噌を合わせる。

鶏モモ肉のごま風味

ごまだれ

◆ 材　料

練りごま……	大さじ6	生姜みじん切り	
濃口醤油……	大さじ4	………………小さじ1	
酢…………	大さじ3	にんにくみじん切り	
砂糖…………	大さじ2	………………小さじ1	
水…………	50ml	白ねぎみじん切り	
豆板醤………	小さじ1	………………大さじ3	

材料を合わせて、よく混ぜ合わせる。

茹で鶏と野菜をごまだれで和えた和風バンバンジー。少しの豆板醤が味のアクセントとなり、食がすすみます。もちろん茹で豚で作ってもおいしい。

【材　料】

ごまだれ適量／鶏モモ肉300g／昆布茶小さじ2／ねぎ（青い部分）5cm／生姜（薄切り）1枚／きゅうり1本／赤ピーマン1/4個／長芋100gこんにゃく100g／玉ねぎ1/4個／貝割れ菜1/3パック／サラダ菜3枚

【作り方】

①鍋に水6カップと昆布茶、ねぎ、生姜、鶏モモ肉を入れる。火にかけて煮立ってから10分茹でて、鶏肉を取り出して氷水に漬ける。水気を切って棒状に切る。

②きゅうり、こんにゃく、赤ピーマン、長芋は棒状に切る。こんにゃくと赤ピーマンは別々に下茹でする。

③玉ねぎは薄く切って氷水にさらし、辛味を抜く。

④ボールにごまだれを入れて、水気をきった①〜③を和える。

⑤サラダ菜を敷いた器に盛り、貝割れ菜をのせる。

コチュジャン酢味噌

◆ 材料

コチュジャン…………25g	ポン酢醤油………大さじ2
米味噌（甘口）………15g	酒……………大さじ1
白味噌………………70g	レモン汁………大さじ1
砂糖……………小さじ1	

◆ 作り方

① コチュジャン、米味噌、白味噌、砂糖を合わせてよく練り合わせる。

② ポン酢、酒を少しずつ加えてよく混ぜる。仕上げにレモン汁を加える。

NOTE

辛いのがお好きな方はコチュジャンの量を多くしてください。タコの他にも、イカ、エビも合わせられます。酒の肴向きの料理ですが、和える野菜を多くすると、サラダ感覚の一皿に。

【材　料】〈1人分〉

コチュジャン酢味噌左記全量
タコ150g／大根100g／きゅうり1本
玉ねぎ1/2個／茹で筍70g／白ねぎ1/2本
セルフィーユ少々

【作り方】

① タコは塩でよくもんでぬめりを取り、水洗いする。足を切り離して、湯でさっと茹でて氷水にとる。食べやすい大きさに切る。

② 大根は短冊に切る。きゅうりは色出しして、縦半分に切り、斜めにスライスする。

③ 玉ねぎはせん切りにして、水にさらす。

④ 筍は薄くスライスして、さっと茹でる。

⑤ 白ねぎは針打ちにして、水にさらす。

⑥ セルフィーユは適当な大きさに切る。

⑦ コチュジャン酢味噌と、水気をよく切った①〜④を和える。器に盛り、⑤のねぎと⑥のセルフィーユを天盛りにする。

蛸のコチュジャン酢味噌和え

コチュジャンは、韓国料理でおなじみの辛子味噌。豆板醤より刺激がやさしく、酢味噌に加えると、味のアクセントになるだけでなく、味わいにも広がりが出ます。いろいろな魚介や野菜で楽しめます。

松葉ガニの柚子味噌和え

カニの他、エビやイカ、茹でたわけぎにも柚子味噌は相性良く使えます。柚子の皮をせん切りにした針柚子も仕上げに少し飾って、香り豊かに味わっていただきましょう。

柚子味噌

◆ 材 料

白味噌	30g	みりん	大さじ1
卵黄	1/2個分	砂糖	小さじ1/2
酒	大さじ1	柚子	1/4個

◆ 作り方

①玉味噌を作る。鍋に白味噌、卵黄、酒、みりん、砂糖を入れて弱火にかけ、焦げつかないように約10分間練る。
②柚子の皮をおろし金でおろして、①と混ぜる。

【材　料】〈1人分〉
柚子味噌適量／松葉ガニ100g／菊菜1/5束／しめじ20g／吸汁八方だし（24ページ参照）適量／白ねぎ10g／大葉2枚／柚子皮少々

【作り方】
①松葉ガニは塩茹でし、冷ましてから身を取る。
②菊菜は茹でて、吸汁八方だしに漬ける。
③しめじはさばいて茹でて、吸汁八方だしに漬ける。
④白ねぎと大葉、柚子皮はごく細く切り、水にさらす。
⑤①〜③の水分をしっかりと切り、柚子味噌で和える。器に盛って④を天盛りにする。

カキの白和え

白和え衣

◆ 材 料

絹ごし豆腐		塩	小さじ1/2
（水きりしたもの）	100g	淡口醤油	小さじ1/2
白味噌	15g	みりん	小さじ1
砂糖	大さじ1	練りごま	大さじ1

フードプロセッサーに材料を合わせ入れてまわし、なめらかになるまで混ぜる。

野菜や山菜をおいしくする白和え衣は、酸味をきかせると魚介にも合います。ここではカキの白和えにぎゅっとすだちを絞ります。

【材　料】〈1人分〉
白和え衣適量／生食用カキ3個／しめじ4本／そら豆3個／金時人参少々／吸汁八分だし（24ページ参照）適量／三つ葉1本／すだち1/4個

【作り方】
①カキは大根おろしで洗い、酒炒りをして冷ましてから半分に切る。
②しめじは酒炒りにする。
③そら豆は立て塩につけてから塩蒸しにする。
④金時人参は2㎝長さの軸切りにして茹で、吸汁八分だしにつける。
⑤三つ葉の軸を湯がき、1.5㎝幅に切り揃える。
⑥白和え衣で①〜④を和えて器に盛り、⑤の三つ葉を天盛りにしてすだちを絞る。

のたれ・合わせ調味料

和風ステーキのたれ

◆材　料＜1人分＞

濃口醤油……………… 50ml　　おろし玉ねぎ…… 1/2個分
たまり醤油…………… 20ml　　おろしにんにく… 小さじ1/2
みりん………………… 20ml　　おろしりんご…… 1/4個分
酒…………………… 30ml　　月桂樹の葉………… 1枚
砂糖……………… 大さじ1

◆作り方

①肉を焼く前にたれの材料を合わせて、よく混ぜ
　ておく。

②肉を焼いたあとのフライパンに、①で合わせた
　たれを加え、火にかけて少し煮詰める。

NOTE

牛肉だけでなく、チキンステーキ
（モモ肉、ムネ肉）や豚ロースス
テーキにも合います。野菜炒めや
バーベキュー用のたれなどにも向
く、使い勝手のよいたれです。好
みで、このステーキのたれに酢を
20mlほど加えても、さっぱりと
します。

牛肉和風ステーキ

【材　料】〈1人分〉
和風ステーキのたれ右記全量／牛ロース肉（ステーキ用）200g／塩適量／黒胡椒適量／サラダ油適量／ヤングコーン2本／ラディッシュ1個／かぼちゃ30g／人参30g／サラダ菜1枚／クレソン3本

【作り方】
①牛ロース肉は約1時間室温に置いてから、両面に塩と黒胡椒をまんべんなく振る。フライパンに油を敷き、好みの加減に焼き上げる。
②ヤングコーンは塩茹でする。
③ラディッシュは飾り切りをして、水にさらす。
④かぼちゃは5cm長さに切り、皮を六面にむき、塩茹でにする。
⑤人参もかぼちゃと同様に皮をむき、塩茹でにする。
⑥フライパンで煮詰めた和風ステーキのたれに①の牛肉を戻して、両面に手早くたれをからめる。
⑦器にサラダ菜を敷き、⑥のステーキを盛り、②〜⑤とクレソンを添える。

肉を噛みしめたときのおいしさが、ステーキの魅力。この肉の旨みが存分に味わえるたれをからめると、ご飯のおかずにもぴったり。玉ねぎやりんごをすりおろして加え、醤油味ながら深みのある味わいです。

鰤の味噌狭み焼き

◆**材 料**

白味噌	180g	みりん	大さじ6
卵黄	3個分	砂糖	小さじ3
酒	大さじ6		

◆**作り方**

①鍋に白味噌、卵黄、酒、みりん、砂糖を入れて、
　弱火にかける。

②約10分間練り上げる。焦げつかないように注意し
　ながら、木杓子で鍋底から混ぜる。

N O T E

つやのある玉味噌はそのままで
おいしいことはもちろん、木の
芽や柚子など季節の香味を加えて、
いろいろ応用ができるたいへん
便利な味噌だれです。使い方も、
かけたり、和えたり、射込んだり、
いろいろと応用できます。

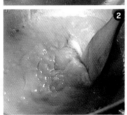

玉味噌

ブリの他、脂がのったサワラにも向く
味噌の挟み焼きです。玉味噌をベース
に作る木の芽味噌や柚子味噌、溶き辛
子で辛みをきかせた辛子味噌など、工
夫次第でアレンジも広がります。

【**材　料**】

玉味噌適量／ブリ（切り身）240g／大葉2枚

【**作り方**】

①ブリは切り身にして薄塩をし、1時間ほどおく。
　水洗いして、水分を拭き取る。

②切り身の厚みに腹から庖丁を入れ、間に大葉を
　敷いて玉味噌を包むように入れる。天火でじっ
　くりと焼き上げる。

西京漬けの味噌床

◆ 材料

白味噌	150g	酒	20ml
酒粕	50g	みりん	20ml

◆ 作り方

① 酒粕は酒とみりんを加えて混ぜ合わせ、約1時間おく。

② すり鉢でよくすり、白味噌を少しずつ加えながらよく混ぜ合わせる。

◆ 漬け方

① バットに半量の味噌を敷き、酒を含ませたガーゼをあてて切り身を並べる。

② その上にもう一枚ガーゼをあてて、残り半量の味噌を均一にぬる。漬け込む時間は約12時間ほど。

NOTE

甘鯛の他、イサキ、サワラ、マナガツオ、スズキ、アジ、ブリにも向きます。漬け込む前に魚の水分と臭みを塩で抜いて置くことで、西京焼きの味噌床は2〜3回使うことができます。

甘鯛の西京焼き

西京漬けは漬け込む前の下ごしらえが大切です。下ごしらえを省略すると、せっかくの上品な味わいが魚に移りません。味噌床から出した魚に付いた味噌は洗い流さなくていいですが、焦げやすいので注意しましょう。

【材料】

西京漬けの味噌床適量／アマダイ（切り身）300g

【作り方】

① アマダイは切り身にしたものを用意し、皮目に切れ目を入れる。薄塩をし、1時間おき、水洗いして水分を拭き、味噌床に漬け、半日ほどおく。

② 漬け込んだアマダイを天火で焼き上げる。

筍、うどなど春の味覚に木の芽味噌は欠かせません。ここでは牛肉と取り合わせましたが、もちろん時季の魚介を使っても美味。

【材　料】

木の芽味噌右記全量／筍1/2本／米ぬか・タカの爪各適量／吸汁八方だし（24ページ参照）適量／なす1/2本／牛ロース肉30g／塩少々／胡椒少々／セロリ1/4本／赤ピーマン1/6個／揚げ油適量

【作り方】

①筍は米ぬかとタカの爪を加えて、下茹でする。冷めたら水洗いする。縦半分に切り、中身をくり抜く。くり抜いた筍は八方だしで手早く炊いて、ざるに上げる。

②なすは縦半分に切り、隠し庖丁を入れる。食べやすい大きさに切り、油で揚げる。

③牛肉は角切りにし、塩と胡椒をふって焼く。

④セロリは薄く切って針打ちにし、水にさらす。

⑤赤ピーマンは細切りにし、水にさらす。

⑥①でくり抜いた時に残った筍を器にして①～③を盛り、木の芽味噌をかける。

⑦180℃のオーブンで約7～8分焼き、薄く色を付ける。仕上げに④のセロリと⑤の赤ピーマンを天盛りにする。

木の芽味噌

◆ 材　料

白味噌	50g	ほうれん草	1/5束
卵黄	1/2個分	水	400ml
酒	大さじ3	塩	小さじ1
みりん	大さじ1	木の芽	20枚
砂糖	小さじ1		

◆ 作り方

①白味噌、卵黄、酒、みりん、砂糖を合わせて弱火で約10分練り、玉味噌を作る。

②ほうれん草は葉を取り、水と塩と共にミキサーにかけて裏濾しする。濾した汁は2カップの水（分量外）を沸かした中に入れる。沸いたら上澄みをすくい取り（青寄せという）、布巾に取って水分を取る。

③すり鉢で叩いた木の芽をよくすり、①の玉味噌を加える。さらに色を見ながら②を混ぜる。

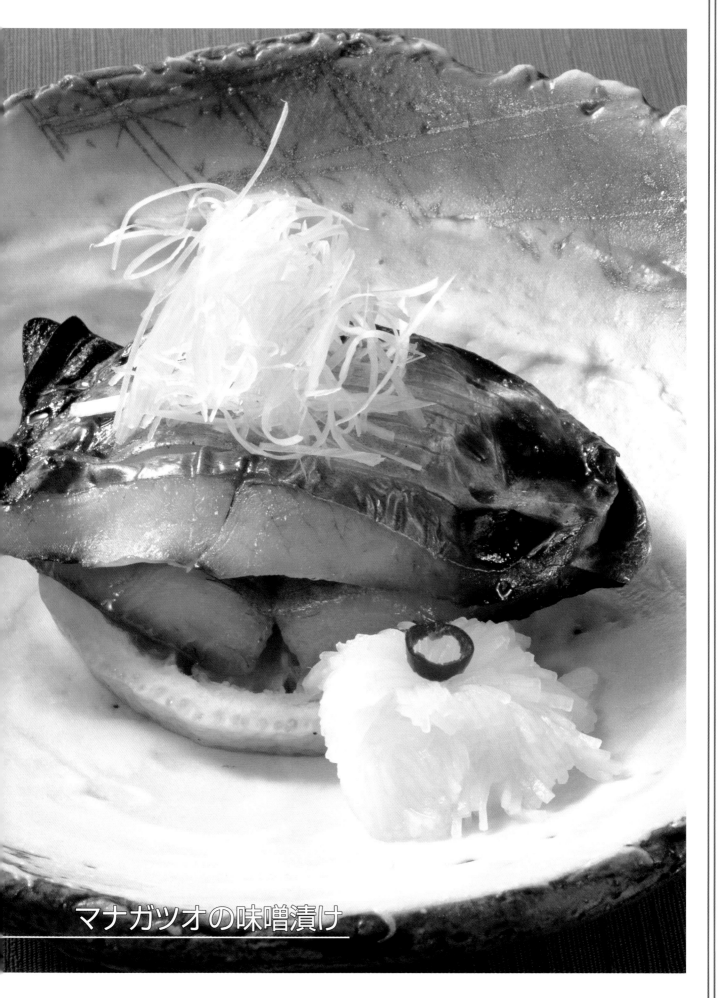

マナガツオの味噌漬け

味 噌 床

◆ **材　料**

荒味噌……………… 200g　　みりん……………… 20ml
酒………………… 20ml

◆ **作り方**

①荒味噌は（米麹の多い味噌の
　こと）すり鉢でよくする。
②①の味噌に酒とみりんを加え
　る。全体になじむようによく
　混ぜ合わせる。

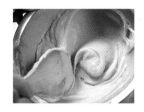

NOTE

サワラ、ホウボウ、ブリ、甘鯛な
どの魚、牛肉などにも向く味噌床
です。漬け込む魚はあらかじめ塩
をあて、臭みと水分を抜いておく
ことがおいしく漬けるコツ。

◆ **漬け方**

①バットなどに半量の味噌を敷
　き、酒を含ませたガーゼをあ
　てる。
②その上に魚の切り身を並べる。
③上にガーゼをかぶせ、残った
　味噌を均一にぬる。12〜24時
　間漬け込む。

味噌の風味が魚の切り身全体にじんわりと移った、風味豊かな焼き
魚。しみじみとした味わいは寒い季節にぴったりで、柚子の香りを
添えて盛り付けると趣きが増します。

【材　料】
味噌床適量／マナガツオ（切り身）300g／柚子１切れ／かぶ20g／甘酢適量
タカの爪少々／白ねぎ20g
　※甘酢について
【材料】水100ml／米酢100ml／砂糖50g／塩５g
【作り方】
　①鍋に材料を合わせて、ひと煮立ちさせて砂糖と塩を溶かす。
　②砂糖と塩が溶けたら火を止めて、冷ましてから使う。
【作り方】
①マナガツオは切り身にして皮目に数本切れ目を入れ、薄塩をふる。１時間お
　いて水洗いして、水分を切り、味噌床に漬ける（漬け方は上記参照）。
②かぶは菊花庖丁を入れ、立て塩に漬ける。手早く水洗いして、よく絞って甘
　酢に漬ける。
③白ねぎは白髪ねぎにする。
④柚子は３cm厚さの輪切りにし、種を取る。
⑤漬け込んだマナガツオを味噌床から取り出し、さっと洗い、中火の遠火で焦
　がさないように焼く。
⑥器に柚子の輪切りをのせ、⑤のマナガツオを盛り、白髪ねぎをのせ、菊花か
　ぶを添える。

鰆の味噌柚庵焼き

【材料】
味噌柚庵汁適量／サワラ（切り身）300g／ふきのとう3個
田楽味噌（63ページ参照）大さじ1

【作り方】
①サワラは切り身にし、塩をしてしばらくおく。さっと水洗いして水分を取り味噌柚庵汁に漬け込む。右記の「漬け方」参照のこと。
②漬け込んだサワラは、軽く水洗いしてから焼く。
③ふきのとうは掃除をして、湯に塩と炭酸を少々加えて茹で、水にさらす。ふきのとうの水分を切り、がくを開いて田楽味噌を包み込む。
④器に②のサワラと③のふきのとうを盛る。

柚子のほんのり爽やかな風味が魚を包み込みます。これは、味噌が焦げないように軽く水洗いして味噌を流してから焼いた方がいいでしょう。サワラの他、ブリ、サバもおいしくなります。

味噌柚庵汁

◆ 材料

濃口醤油…………50ml	玉味噌（31ページ参照）	
酒………………50ml	………大さじ3	
だし……………50ml	柚子（輪切り）…1/4個	
みりん…………30ml		

◆ 作り方
①鍋に濃口醤油、酒、だし、みりんを入れて、ひと煮立ちさせて冷ます。
②冷めたら玉味噌を混ぜ合わせる。

◆ 漬け方
①バットなどに輪切りにした柚子を半量敷き、切り身を並べる。
②味噌柚庵汁を注ぎ入れ、残りの柚子の輪切りを上に並べる。約2時間漬け込む。

鍬焼きのたれ
（くわ）

◆ 材料

濃口醤油………200ml	みりん………200ml	
たまり醤油……150ml	氷砂糖………280g	
酒………………200ml		

◆ 作り方
材料を合わせ、弱火で少し煮詰める。

NOTE
しっかりからむたれなので、この鶏肉の鍬焼きをサニーレタスで包んで食べるサンチュ風の楽しみ方もできます。鍬焼き丼にするのもアイデアです。牛ロースのソテー、合鴨のソテー、ポークソテーにも、このたれを活用できます。

鶏の鍬焼き

フライパンで焼ける鍬焼きは家庭でも手軽にできます。鶏肉にたれがよくからむよう、うっすらと小麦粉をまぶして焼きます。途中で焼き油と肉から出る脂を捨てるといっそうたれのからみがよくなります。

【材料】
鍬焼きのたれ適量／鶏モモ肉300g／小麦粉大さじ2／サラダ油大さじ1／きゅうり1/3本／トマト1/4個／キャベツ50g／レッドオニオン1/4個／貝割れ菜1/5束／人参20g／粉山椒少々

【作り方】
①鶏モモ肉は縦に切り、ひと口大のそぎ切りにする。
②①の鶏肉の両面に小麦粉をまぶす。サラダ油を敷いたフライパンで皮目から焼く。落とし蓋を必ずする。
③軽く焦げ目が付いたら返す。焼き上がったら、お湯を入れ、沸いたら手早く湯を捨て、余分な油などを流す。
④から煎りして水分を飛ばし、鍬焼きのたれを加え、鶏肉にしっかりとからめる。
⑤きゅうりは塩みがきをして、斜め切りにする。
⑥トマトは皮をむいて、輪切りにする。
⑦キャベツは芯を取り除いてせん切りにし、水にさらす。
⑧レッドオニオンは皮をむいて薄切りにし、水にさらす。人参は皮をむいてせん切りにし、水にさらす。
⑨貝割れ菜は軸を取り、半分に切り、水にさらす。
⑩器に④～⑨を盛る。

鶏肉の滋味を引き出すのが、たれの大切な役割。何本食べても食べ飽きないよう、甘過ぎず辛過ぎず、バランスのよい味に作ります。隠し味に加えたビールは肉をふっくらと焼き上げるためのもの。3〜4回に分けてたれをつけながら香ばしく焼き上げます。

焼きとりのたれ

◆ 材 料

濃口醤油……………120ml
みりん………………100ml
たまり醤油………… 80ml
酒……………………100ml
ざらめ糖…………… 120g
水飴…………………50g
ビール……………… 50ml

◆ 作り方

①鍋に材料を入れ、火にかけて沸騰させる。

②アクが出てくるので、丁寧に取り除く。アクすくいなどを利用して、アクだけを取り除くこと。

③3割ほど煮詰めたら完成。とろりとした状態になる。

【材 料】

焼きとりのたれ適量／鶏モモ肉300g
白ねぎ1/3本／山芋10g／サラダ菜1枚
塩少々

【作り方】

①焼きとりを作る。鶏モモ肉150gは食べやすい大きさに切る。3cmの長さに切った白ねぎと交互に串に刺す。

②まず、網の上などで素焼きする。ほぼ焼けてから、たれを3〜4回に分けてつけて焼き上げる。

③つくねを作る。鶏モモ肉150gは挽いておく。すり鉢ですりおろした山芋の中に挽き肉を入れて、塩を加え、よくすり合わせる。手に水をつけて挽き肉を丸く取り、串に刺す。

④最初に網の上などで8割程度素焼きして、途中3〜4回に分けてたれをつけながら焼き上げる。好みで粉山椒や一味唐辛子をつけて食べる。

ウナギのかば焼き

たれにウナギの中骨を焼いて加えると、本格的なプロの味に。かば焼きを刻んでご飯にまぶし、わさびを薬味に緑茶かだし汁をかければ、名古屋名物の櫃（ひつ）まぶし。

【材　料】〈1人分〉
ウナギのたれ適量／ウナギ1尾（200g）
生姜甘酢漬け10g／粉山椒少々

【作り方】
①ウナギは開いたものを用意し、皮目より白焼きにし、皮目にたれを1回かける。上身はきつね色になるまで焼いて、たれを2〜3回かけて焼き上げる。
②焼き上がったら、器に盛り、甘酢漬けの生姜を添える。好みで粉山椒をふる。

ウナギのたれ

◆材　料

濃口醤油………	200ml	みりん………	200ml
たまり醤油……	200ml	氷砂糖………	130g
酒………	200ml	ウナギの中骨……	200g

◆作り方

①たれの調味料を鍋に合わせ、白焼きにした中骨を加える。
②弱火にかけ、アクを取りながらじっくりと2割程度煮詰める。

木の芽とは山椒の若葉のこと。山椒焼きの名称はここから来ており、たれの中に叩き木の芽を入れて焼いたり、焼き上がりに叩き木の芽をかけたり。また粉山椒を使った焼き物のこともいいます。いずれも山椒の爽やかな香りが魅力です。

山椒焼きのたれ

◆ 材　料

濃口醤油…………200ml	みりん…………200ml
たまり醤油………150ml	氷砂糖…………110g
酒…………150ml	木の芽…………適量

◆ 作り方

① 鍋に木の芽以外の材料を合わせて、火にかける。

② ２割ほど煮詰めて使う。たれをぬって焼き上げたら、叩いた木の芽を好みの量ふる。

NOTE

伊勢エビの他、車エビ、ホタテ、イカ、ムツ、銀ダラ、アナゴなどもこのたれで山椒焼きに。また、焼きとりやつくね、きのこ焼きにも合います。

【材　料】

山椒焼きのたれ適量／伊勢エビ1/2尾／筍200g
木の芽20枚／米ぬか適量／タカの爪適量
揚げ油適量

【作り方】

① 筍は米ぬかとタカの爪を加えて、下茹でする。そのまま冷ましてから水洗いし、適当な大きさに切る（50ページ参照のこと）。隠し庖丁を入れて、水分をきちんと切っておく。

② 伊勢エビは、縦半分に切り、強火の天火で焼く。１度身を取り、食べやすい大きさに切ってから、たれを２〜３回塗り、焼き上げる。木の芽のみじん切りを散らす。

③ ①の筍は、新しい油で揚げる。油をよく切って、たれを２〜３度かけて網の上などで焼き上げる。

強火で照りよく炊き上げる

❾濃口醤油を加えて、さらに炊いていく。

❺きれいにそうじした鯛の頭を並べ入れる。

❶熱湯を用意し、鯛の頭をさっと霜降りにする。

❿落とし蓋をして煮汁が半量になる位まで炊く。

❻煮汁の材料のうち、酒を入れる。

❷冷水に取って、残っているウロコなどを丁寧に除く。

⓫最後にみりんを加え、煮汁を回しかけながら炊く。

❼次いで、砂糖を入れたら、強火にかける。

❸頭の内側も残っている汚れを丁寧に取り除く。

⓬鍋肌につく焦げは苦みになるので、適宜拭き取る。

❽ホイルなどで軽めの落とし蓋をして5、6分炊く。

❹鍋底に、5cm位の長さに切ったごぼうを敷く。

鯛のあら炊き

タイのあら炊きは、強火で、弾けるような炊き方をするのがコツで、炊き過ぎや二度炊きは禁物。たっぷりめの酒を注ぎ、次いで砂糖を加えたら、煮汁が鍋の中で回るよう軽めの落とし蓋をして炊き、続いて醤油、みりんを加え、照りよく仕上げます。

煮汁

【材料】

煮汁右記全量／タイ頭半身分／土ごぼう80g／針生姜20g／花山椒少々

【作り方】

①タイの頭は熱湯に通して霜降りにし、水に取って丁寧にそうじする。

②ごぼうは土を洗い落とし、庖丁の背で叩いてから5㎝長さに切る。太い場合は細く切る。

③鍋底に②のごぼうを敷いて、①のタイの頭を並べる。煮汁の材料の酒、砂糖を入れて強火にかけ、アルミホイルなどで落とし蓋をして5〜6分炊いたら、濃口醤油を加えてさらに炊く。煮汁が半量になる位まで煮詰めたらみりんを加え、タイに煮汁をまわしかけながらつやを出す。煮汁が少し残る程度で火を止める。

④器にタイのあら炊きとごぼうを盛り、針生姜をあしらい、花山椒を天盛りにする。

【覚え書き】

◎タイの頭にはウロコが残っていることが多いので、霜降り後、丁寧にそうじする。

◎天然のタイを炊く場合は、濃口醤油だけでも〝照り〟が出るが、養殖のタイの場合は、脂が強く、照りが出にくいので、たまり醤油を少々加えるとよい。

◎酒は本醸造などクセのないものを。水で割って使ってもよい。

◆材料

酒	200ml
砂糖	大さじ1
濃口醤油	50ml
みりん	50ml

メイタガレイの煮つけ

カレイは種類が多く、味わいも淡白で、煮つけ魚としてポピュラーなもの。プロの炊き方は、活けのものは霜降りせずに炊き、少し鮮度の落ちるものは揚げてから煮るなど、状態によって炊き分けます。家庭では野菜を一緒に煮つけてもいいでしょう。

【材料】〈1人分〉
煮汁左記全量／メイタガレイ1尾（300ｇ）／なす1本
生姜〈あられ切り〉10ｇ／木の芽5枚

【作り方】
①メイタガレイは水洗いをして、皮目に庖丁を入れ、熱湯に通して霜降りにし、冷水に取ってそうじをして水気をきる。
②鍋に煮汁を入れて火にかけ、煮立ってきたらメイタガレイを入れ、落とし蓋をして少し煮立つ位の中火で10〜15分煮る。
③なすは、皮面に串で穴を開け、油で揚げて冷水に取り、皮をむいて4つに切る。
④器にカレイを盛って煮汁を張り、③のなすを添え、生姜のあられ切りを散らして、木の芽を天盛りにする。

煮　汁

◆ **材 料**

だし(93ページ参照)…	200ml
酒………………	200ml
濃口醤油…………	65ml
みりん…………	65ml

アジの酢煮

夏が旬のアジには、酢を加える酢煮が好適で、すっきりとして食がすすむ味わいに。煮汁に梅干しを加えても風味よく仕上がります。

【材　料】〈5人分〉
煮汁左記全量／アジ5尾（200ｇ）／みょうが3個／木の芽10枚

【作り方】
① アジは、水洗いし、エラを取り、腹に庖丁を入れてワタを除き、熱湯で霜降りにして冷水に落とし、そうじをする。
② 鍋に煮汁のだしと調味料を入れて火にかけ、煮立ってきたらアジを並べ入れて落とし蓋をし、煮汁が半量程度になるまで中火で煮る。半分に切ったみょうがを加えて4〜5分煮たら火を止める。
③ 器にアジの煮つけを盛り、みょうがを添え、木の芽を天盛りにする。

煮　汁

◆ 材　料

だし(93ページ参照)… 600ml

酒………………… 100ml

濃口醤油………… 100ml

みりん…………… 100ml

酢………………… 100ml

砂糖……… 大さじ2

ブリ大根

煮　汁

◆ 材　料

だし(93ページ参照) ……200ml	たまり醤油………… 10ml
酒…………………200ml	みりん……………… 80ml
濃口醤油………… 90ml	砂糖…………………40g

ブリの旨みが大根によく染みて、煮汁のべっこう色も食をそそります。ブリのカマは塩をまぶして霜降りし、しっかりと臭みを除くこと。たっぷり炊くと味わいがいっそう深まります。

【材　料】〈4人分〉
煮汁右記全量／ブリの頭とカマ1尾分／大根1/2本／生姜50g／柚子1/2個

【作り方】
①ブリの頭とカマは食べよい大きさに切る。塩を強めにあてて5〜10分おき、水洗いしてから熱湯に通して霜降りにし、そうじをする。
②大根は2㎝厚さの半月に切って、面取りし、米のとぎ汁で茹でておく。
③鍋に①のブリを入れ、煮汁を加えて強火で煮始め、沸いたら中火に落として、②の大根を加えて、落とし蓋をして煮汁を少し残して煮上げる。
④器にブリと大根を盛り、針に打った生姜と柚子を天盛りにする。

❼血合いや汚れなども丁寧に除く。

❹湯に通すが、湯の量によっては少量ずつを。

❶ブリのアラは食べよく切り、塩をあてる。

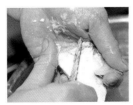
❽煮汁でブリを炊き、茹でた大根を加える。

❺手早く冷水に取る。

❷全体に塩がまわるようにする。

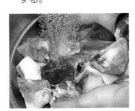
❾落とし蓋をして、煮汁が少し残る位まで炊く。

❻頭やカマに残っているウロコを除く。

❸5〜10分ほどそのまま置き、水洗いする。

カキの時雨煮

醤油の風味をきかせて、煮汁がなくなるまで煮詰めた日持ちのよい煮物で、幅広い貝類に応用できます。お茶漬けに添えてもよく合い、粉節をまぶしても美味。

【材　料】〈3人分〉
煮汁左記全量
生ガキ200g
大根おろし100g
針生姜20g

【作り方】
① カキは大根おろしで水洗いし、水気をきる。
② 鍋に煮汁の調味料を煮立て、①のカキを入れて煮汁がなくなるまで中火で煮詰める。
③ 器にカキの時雨煮を盛り、針生姜を天に添える。

煮　汁

◆材　料
濃口醤油………… 20ml
たまり醤油……… 15ml
酒……………… 100ml
みりん………… 15ml
砂糖……… 小さじ1/2

NOTE
冷蔵庫で1週間は保存できる。

白味噌を使ってこっくりと上品な風味に
炊きあげたサンマの煮物です。飾り切り
した秋野菜を添えて、季節感もご馳走に。

【材　料】〈3人分〉

煮汁適量／サンマ3尾／栗3個／くちなしの実3個／
銀杏6個／紅葉人参3枚／いちょう生姜3枚／柚子1/4
個

【作り方】

①サンマは、頭、尾を落としてワタを抜き、5等
　分の筒切りにして塩水で洗い、きれいな塩水に
　10分位つけて血抜きする。

②①を熱湯で霜降りにして冷水に取り、水気をきる。

③人参は紅葉型で抜いて塩茹でする。栗は皮をむ
　いて、くちなしの実を割り入れて茹でる。銀杏
　は殻をむいて米のとぎ汁で茹でる。生姜はいちょ
　う形で抜いて薄切りにして水にさらす。

④鍋に味噌煮の煮汁を合わせて、②のサンマを入
　れて弱火で約2時間煮る。さらに③の人参、栗、
　銀杏を入れて4〜5分煮たら火を止める。

⑤器に盛って煮汁を張り、いちょう生姜、松葉に切っ
　た柚子皮をあしらう。

煮　汁

◆ 材 料（サンマ5尾分の分量）

だし（93ページ参照）……… 800ml

酒………………………400ml

白味噌………………… 200g

淡口醤油……………… 40ml

米酢……………… 大さじ1

砂糖………………………50g

豚の角煮と冬野菜の吉野煮

煮 汁

◆ 材 料

だし (93ページ参照) …… 600ml		塩 …………… 小さじ1/3
酒 ………………… 50ml		みりん …………… 30ml
濃口醤油 ………… 40ml		水溶き葛 ……… 大さじ3

海老芋、かぶら、蓮根など、冬場におにしさが増す
野菜と豚の角煮を温もりのある吉野仕立てに。葛で
煮汁にとろみをつけるので体も温まります。

【材　料】
煮汁右記全量／海老芋1/2本／かぶ1個／蓮根50g
金時人参60g／銀杏8個／生椎茸2枚／絹さや8枚
豚の角煮200g／おろし生姜適量／柚子適量

【作り方】
①海老芋は皮をむき、ミョウバン水に漬けてアク止めし、食
　べよい大きさに切り、米のとぎ汁で茹でる。
②かぶは皮をむき、くし型に切って、米のとぎ汁で茹でる。
　蓮根は皮を花形にむき、縦半分に切って酢水に漬け、水洗
　いしてから、米のとぎ汁で茹でる。
③銀杏は米のとぎ汁で茹でる。生椎茸は石づきを取って4つ
　に切る。
④絹さやは軸を切って塩茹でする。
⑤鍋に①～③を入れ、煮汁を入れて10～15分間煮含め、食
　べよく切った豚の角煮を加え、水溶き葛でとろみをつけ、
　絹さやを加える。
⑥器に盛り、おろし生姜を天盛りにし、すりおろした柚子の
　皮をふる。

豚の角煮の作り方

【材　料】
豚バラ肉1kg／米ぬか2カップ／タカの爪3本
●角煮の煮汁
だし（93ページ参照）2000ml／濃口醤油150ml
たまり醤油50ml／酒100ml／みりん200ml
砂糖90g

【作り方】
①豚バラ肉は脂身にフライパンで全体がきつね色に
　なるまで強めに焼き目をつけ、油抜きする。
②鍋に①を入れて水を張り、米ぬかとタカの爪を入
　れて約2時間煮た後、水にさらす。これをもう1
　時間茹で、水に取ってザルに上げ、ひと晩おく。
③鍋に煮汁の材料を合わせ、②を入れて弱火で2時
　間くらい煮て仕上げる。

❶豚バラ肉は500g大の長
方形に切り、きつね色に
なるまで焼き目をつける。

❷鍋に豚バラ肉を入れて水
を張り、米ぬかとタカの
爪を入れて約2時間煮る。

❸②を水にさらして、1時間
茹で、ザルに上げて冷蔵
庫などでひと晩おく。

❹鍋に煮汁の材料を合わせ
て炊く。弱火で2時間くら
い煮て仕上げる。

出盛りの筍と新ワカメは春だけの"出会いの味"。筍のほのかな甘みや香りを活かすよう含め煮にし、最後にワカメを加えます。木の芽の香りを添えて。

【材 料】〈1人分〉
八方だし適量／筍100g／米ぬか・タカの爪各適量
わかめ（戻したもの）80g／木の芽5枚

【作り方】
①筍は米ぬかとタカの爪を入れて茹でて、食べやすい大きさに切り、
　八方だしに入れて火にかけ、煮汁が1/3程度になるまで煮て味を含め、
　炊き上がりにわかめを加えて火を止める。
②器に筍、わかめを盛って、煮汁を張り、木の芽を天盛りにする。

【覚え書き】
◎筍は買ってきたら、できるだけ早く茹でるようにする。

八方だし

◆材 料
だし(93ページ参照)……	800ml
酒…………………	200ml
塩…………	小さじ1 1/2
淡口醤油……	大さじ1 1/2
みりん…………	大さじ2

筍の茹で方

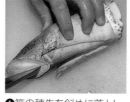

❶筍の穂先を斜めに落とし、縦に切り込みを入れる。

❹煮物用には穂先の方は、くし型に切る。

❷米ぬか、タカの爪とともに皮付きのまま茹でる。

❺根元の方は固さにより、ほどよい大きさに切る。

❸柔らかく茹でたら、そのまま冷ました後、そうじする。

❻真ん中はやや厚みを持たせて切る。

大根や、かぶの含め煮、揚げなす、こんにゃくの煮物に合う鶏味噌。鶏挽き肉はあらかじめ湯で脂抜きしておくと、さっぱりとした味の味噌になります。

【材　料】〈1人分〉
鶏味噌適量／かぶ（大）1個／菊菜少々
吸汁適量／昆布5g
　※吸汁について
　【材料】
　だし（93ページ参照）1000ml／淡口醤油小さじ1/2／酒小さじ1／塩小さじ2/3
　【作り方】
　①鍋にだし、淡口醤油、酒を加えてひと煮立ちさせる。
　②塩を加えて味を調える。

【作り方】
①かぶは茎も使う。皮をむき、茎のついている部分を蓋として、上から1/6のあたりを横から切る。
②かぶの中心を丸くくり抜く。くり抜いた方と蓋にする方をともに米のとぎ汁で下茹でして、水にさらす。これを吸汁に昆布を加え、10分間含め煮にする。
③②のかぶのくり抜いた部分に鶏味噌を詰める。

鶏味噌

◆ 材　料

鶏挽き肉	30g	酒	大さじ2
白味噌	20g	みりん	大さじ1
卵黄	1/3個分	砂糖	小さじ1/2

◆ 作り方

①鶏肉は一度湯に通して、水分をきちんと取る。
②白味噌、卵黄、酒、みりん、砂糖を鍋に合わせる。①の鶏肉を加えて火にかけ、焦がさないように弱火で10分練り上げる。

鱧の飯蒸し

ハモと梅肉は相性がよいもの。ここではハモの飯蒸しに、熱々の梅肉あんをかけました。ほんのりとした酸味で食がすすみます。

梅肉あん

◆ 材料

だし（93ページ参照）…40ml
梅肉……… 小さじ2/3
淡口醤油………… 少々
塩………………… 少々
酒………………… 少々
水溶き葛…小さじ11/2

◆ 作り方

①梅肉はすり鉢でよくする。
②だしを沸かして、①の梅肉を溶き混ぜる。淡口醤油、塩、酒で味を調え、水溶き葛でとろみをつける。

【材料】〈1人分〉
梅肉あん適量／ハモ（開いたもの）70g／酒・塩（ハモの下味用）各少々／もち米40g／卵1/2個／だし150ml／淡口醤油少々／みりん・塩各少々／そら豆2個／大葉2枚／揚げ油適量

【作り方】
①ハモは開いて骨切りしたものを用意し、8cmの長さに切る。焼き目をつけて酒、塩を少々あてる。
②もち米は強火で20分蒸して、①を包む。
③茶碗蒸しのだしを作る。だしと溶き卵に淡口醤油、みりん、塩で下味をつけ、濾す。
④②を器に盛り、③を注ぎ、中火で約10分間蒸す。
⑤大葉は釘打ちにして、油で揚げる。
⑥そら豆はさやから出して薄皮をむく。立て塩に漬けてから、3分間強火で蒸す。
⑦熱々の梅肉あんを張り、⑤と⑥をあしらう。

かぶら蒸し

かぶら蒸しの具は百合根だけとシンプルながら、熱々の銀あんに散らしたイクラが派手やかで豪華な印象に。具だくさんに作るならエビやカニ、白身魚など淡白な魚介が合います。

銀あん

◆ 材 料
だし (93ページ参照)
……………500ml
酒…………小さじ1
淡口醤油… 小さじ1/2
塩…………小さじ2/3
水溶き葛………適量

◆ 作り方
だし、酒、塩、淡口醤油を合わせて火にかけ、ひと煮立ちしたら水溶きの葛でとろみをつける。

【材　料】〈1人分〉
かぶ150g／卵白少々／片栗粉少々／塩少々／百合根3枚
イクラ10g／わさび少々／柚子少々

【作り方】
①かぶは皮をむいておろし金でおろし、水気を強めにきって卵白、片栗粉を加えてつなぎ、塩少々で味を調える。
②百合根は塩茹でにしてザルに上げて冷まし、①に加え混ぜて器に入れ、強火で5～6分蒸す。
③蒸し上がった②に熱々の銀あんをかける。イクラを散らし、わさびを天盛りにしてすりおろした柚子皮をふる。

生姜あん　玉汁

◆ 材 料
だし (93ページ参照)…1000ml
塩……………小さじ1
淡口醤油………小さじ1
酒……………大さじ1
水溶き片栗粉…大さじ4
生姜の絞り汁………適量

◆ 作り方
鍋に生姜あんのだしと調味料を合わせて火にかけ、煮立ったら水溶き片栗粉でとろみをつけ、生姜汁を加える。

◆ 材 料
だし……………300ml
卵………………100ml
塩…………小さじ1/3
淡口醤油……小さじ1/2
みりん………小さじ1/4

◆ 作り方
だしとよく溶いた卵を合わせ、塩、淡口醤油、みりんを加えて味を調え、濾す。

カキの茶碗蒸し

カキを具にして、いつもの茶碗蒸しとはひと味違う茶碗蒸しに。生ウニをのせるとぐんと贅沢感が増し、お酒の肴にも喜ばれます。

【材　料】〈1人分〉
玉汁100ml／生姜あん20ml／生食用カキ2個／生ウニ20g／三つ葉少々

【作り方】
①カキは洗って酒塩をふり、熱湯に通して器に入れる。
②玉汁を①の器に張り、中火の蒸し器で約10分蒸す。
③②の蒸し上がりに生ウニを盛り、熱々の生姜あんを張って湯がいてみじん切りにした三つ葉を天盛りにする。

鯛の骨蒸し

ポン酢醤油

◆ 材　料

だいだい酢…………500ml	煮きりみりん………150ml
濃口醤油……………500ml	米酢………………… 90ml
たまり醤油…………150ml	昆布…………………40g
煮きり酒……………150ml	カツオ節……………50g

◆ 作り方

①鍋にだいだい酢、濃口醤油とたまり醤油、煮きった酒とみ
　りん、酢、昆布を入れてひと煮立ちさせる。

②ひと煮立ちしたら、カツオ節を加えて火をとめる。

③密閉容器に移して、夏場は約4日間、冬場は6〜7日間冷
　暗所に寝かせる。

④寝かせたら、布などを通して濾す。保存する時は、ビンかポ
　リ容器に入れるとよい。

NOTE

しゃぶしゃぶをはじめとした鍋物はもちろんのこと、刺身醤
油としても使うことができます。ドレッシングにしてもよい
でしょう。フグやカワハギのとも和えに使っても絶品です。
もちろん、アン肝や白子にも。なお、12ページの「ポン酢醤
油」の作り方もあります。

　"ポン酢"とは橙の絞り汁のこと。爽やかな香りと酸味
が魅力のポン酢醤油は鍋物や刺身などいろいろな料理に
欠かせません。橙の代わりに柚子やカボスを使うことも
あります。ここでは鯛の旨みいっぱいの"かぶと"（頭）
を蒸し上げた骨蒸しをポン酢醤油でどうぞ。

【材　料】
ポン酢醤油適量／タイの頭1/2尾／昆布適量／絹ごし豆腐1/4丁／
生椎茸1枚／菊菜1/4束／柚子の皮少々／吸汁（51ページ参照）200
ml／あさつき・もみじおろし各適量

【作り方】
①タイの頭を半分に割って、きれいにうろこを取り、酒と塩をふる。
　器に昆布を敷き、強火で約12分間蒸し上げる。

②絹ごし豆腐は巻き簾で巻き、約3分間蒸す。

③生椎茸は飾り庖丁を入れ、約5分間蒸す。

④菊菜は茹でて冷水に取り、約1分間蒸す。

⑤柚子の皮はごく細く切る。

⑥器に①〜④を盛りつけて、熱々の吸汁を注ぐ。飾りに⑤をあし
　らう。別に小口に切ったあさつきともみじおろしを混ぜたポン
　酢醤油を添える。

のたれ・合わせ調味料

別甲あん（べっこう）

◆材　料
だし（93ページ参照）…100ml　　みりん……………… 10ml
濃口醤油…………… 10ml　　大根おろし…………30g
酒………………… 10ml　　水溶き葛………小さじ2

◆作り方
①鍋にだし、淡口醤油、酒、みりんを合わせてひと煮立ちさせる。
②ここへ水気を切った大根おろしを混ぜる。さらに沸いたら、水溶き葛とろみをつける。

NOTE
ここでは大根おろしを加えたものを紹介していますが、大根おろしを抜いた別甲あんは、薄味の野菜の煮物や百合根饅頭、南瓜饅頭などに合います。夏場は冷やして、胡麻豆腐などにかけてもおいしいものです。

濃口醤油を使って作る別甲あんは、つややかな色合いが食欲をそそります。揚げ物には大根おろしを加えて仕上げるとさっぱりとし、たくさん食べられます。

【材　料】
別甲あん適量／伊勢エビ200g／蓮根20g／小芋3個／なす1本／オクラ4本／赤ピーマン10g／黄ピーマン10g／小麦粉適量／揚げ油適量

【作り方】
①伊勢エビは縦に割り、食べやすい大きさに切る。
②蓮根は花形にむいて、5㎜厚さに切る。
③小芋は六方むきにし、米のとぎ汁で下茹でする。
④なすは皮面に隠し庖丁を入れて、食べやすい大きさに切る。
⑤オクラはがくを取り、塩みがきして湯通しする。1㎝の長さに切る。
⑥赤と黄ピーマンはせん切りにして、湯通しする。
⑦①に小麦粉をまぶして180℃の油で揚げる。②〜④も油で素揚げにする。
⑧⑦で揚げたエビ、蓮根、小芋、なすと⑤のオクラ、⑥のピーマンを器に色よく盛り、別甲あんをたっぷりとかける。

伊勢エビの揚げ出し、別甲あんかけ

揚げ油目のソースあんかけ

ウスターソースとケチャップをカツオだしで割った、和洋折衷のたれです。揚げたての魚に、熱々のたれをかけて召し上がって下さい。あんかけは、水溶き片栗粉でのとろみのつけ方がポイントです。少しずつ、全体に行きわたるように加えていき、透明感が出るまで火を通して仕上げます。

【材　料】
あんかけソース下記全量／アブラメ（おろし身）150g／小麦粉少々／揚げ油適量／赤ピーマン1/4個／黄ピーマン1/4個／茹で筍30g／生椎茸2枚／さやいんげん3本／人参20g／セルフィーユ少々

【作り方】
①2種類のピーマンは、5mm厚さに縦に切る。
②茹で筍はさっと茹でて、短冊に薄く切る。
③生椎茸は小口切りにして、湯通しする。
④さやいんげんは3cmの長さに揃え、塩を入れた湯で茹でる。
⑤人参はせん切りにして湯通しする。
⑥①〜⑤の野菜は、あんかけソースに加える（作り方は下記参照）。
⑦アブラメはおろし身を用意し、骨切り庖丁を入れる。切り目の間にも小麦粉をまぶし、油で二度揚げにする。
⑧揚げたてのアブラメに熱々のあんかけソースをかけて、セルフィーユを飾る。

◆材　料

だし(93ページ参照)…150ml	砂糖………………小さじ1
ウスターソース……40ml	水溶き片栗粉……大さじ1
ケチャップ…………30ml	野菜（ピーマン、茹で筍、さやいんげん、人参、生椎茸など）…分量と下処理は上の作り方参照
濃口醤油…………小さじ1	
みりん……………大さじ2	

◆作り方
①水溶き片栗粉以外の材料を合わせ、ひと煮立ちさせる。
②ひと煮立ちしたら、下処理した野菜類を加える。仕上げに水溶き片栗粉を加えて、とろみをつけて完成。

NOTE
ここではアブラメを使いましたが、メバルやオコゼ、ハモなどの魚の唐揚げに合います。あんかけソースに野菜を加えるとボリュームたっぷりのおかずに。野菜は冷蔵庫の中にあるものなどを工夫するといいでしょう。

あんかけソース

ケチャップソース

◆ 材 料

ケチャップ… 大さじ３	らっきょうみじん切り
オリーブ油… 大さじ２	…………大さじ１
ポン酢醤油… 大さじ２	タバスコ………… 適量
粒マスタード…小さじ１	

◆ 作り方

材料を合わせて、よく混ぜ合わせる。タバスコは好みによって分量を調節する。

【材 料】

ケチャップソース適量／アナゴ３尾／長芋（おろしたもの）大さじ２／水大さじ２／小麦粉大さじ５／卵黄１個分／あられ粉適量／ドライパセリ少々／揚げ油適量／キャベツ100g／レッドオニオン1/4個／赤ピーマン1/4個／黄ピーマン1/4個／トマト約1/2個／セルフィーユ少々

【作り方】

①アナゴは開いたものを用意し、ぬめりを取り、適当な大きさに切る。

②すりおろした長芋、水、小麦粉、卵黄を合わせる（A）。別にあられ粉とドライパセリを混ぜておく（B）。

③①のアナゴに②のA、Bの順に衣を付け、油で揚げる。

④キャベツとレッドオニオン、ピーマンはせん切りにして水にさらす。

⑤トマトは５mm幅に切る。

⑥器に③〜⑤を彩りよく盛り、別にケチャップソースを添える。

鶏の唐揚げ

鶏の唐揚げを広東料理風にアレンジ。からめるソースにヨーグルトを加えて、爽やかな酸味を持たせました。たれは揚げたてにからめてなじみよく。

ケチャップマヨネーズ

◆ 材　料

マヨネーズ…	大さじ2	レモン汁……	小さじ1
ケチャップ…	大さじ1	塩………………	少々
チリソース…	小さじ1	黒胡椒…………	少々
ヨーグルト…	大さじ1		

◆ 作り方

材料を合わせて、よく混ぜ合わせる。辛さはチリソースで調節するとよい。

【材　料】
ケチャップマヨネーズ適量／レタス2枚／キャベツ30g／レッドオニオン1/4個／トマト約1/2個／貝割れ菜適量／ラディッシュ1個／人参20g／レモンスライス3枚／鶏モモ肉300g／塩少々／胡椒少々／小麦粉大さじ2／揚げ油適量

【作り方】
①レタスは大きめにちぎり、水にさらす。
②キャベツはせん切りにし、水にさらす。
③レッドオニオンは皮をむき、薄切りにして、水にさらす。
④トマトは薄い輪切りにする。貝割れ菜は適当な大きさに切る。
⑤ラディッシュは薄く切り、水にさらす。
⑥人参は針打ちにし、水にさらす。
⑦レモンは薄く輪切りにして、中心から庖丁を入れる。
⑧鶏モモ肉はそぎ切りにする。両面に塩と胡椒をして、小麦粉をまぶし、170〜175℃の温度で二度揚げにする。
⑨揚げたての⑧にケチャップマヨネーズを手早くからめ、①〜⑦と一緒に彩りよく盛る。

鯵の南蛮漬け

魚介や肉を油で揚げてから合わせ酢に漬け込む南蛮漬けは、誰にでも喜ばれる味。ここではだしを多めに配合し、より食べやすく仕上げました。

南 蛮 酢

◆ 材　料

だし（93ページ参照）		みりん………	大さじ1
……………	150ml	塩…………	小さじ1/3
酢………………	25ml	タカの爪（小口切り）	
砂糖………	大さじ1	……………	1本分
淡口醤油……	大さじ1		

◆ 作り方

鍋に材料を入れて火にかけ、ひと煮立ちしたら火からおろす。

【材　料】〈1人分〉
南蛮酢上記分量／アジ（上身）100g／小麦粉適量／白ねぎ少々／菜の花1本

【作り方】
①アジの上身は食べやすい大きさに切って小麦粉をまぶし、180℃の油でからりと揚げ、熱いうちに南蛮酢に漬け込む。
②白ねぎは焼いて1.5cm長さに切って①と一緒に漬け込む。
③菜の花は塩茹でにして冷水に落とし、南蛮酢に漬ける。
④器に①、②、③を盛りつける。

天つゆ

◆ **材　料**〈1人分〉

だし（93ページ参照）60ml	淡口醤油……………………5 ml
濃口醤油……………………10ml	みりん………………………15ml

◆ **作り方**

① 鍋にみりんを入れて、ひと煮立ちさせる。

② みりんが沸いたら残りの調味料を加えて、ひと煮立ちさせる。

【材　料】〈1人分〉

天つゆ左記全量／アナゴ1/4尾／車エビ1尾／キス1尾／生椎茸1枚／小なす1/2個／しし唐2本／レモン1/8個／水200cc／卵黄1/2個／小麦粉1カップ／揚げ油適量／大根おろし20g／おろし生姜少々

【作り方】

① アナゴは開いたものを用意し、背びれを引く。ぬめりを取り、そぎ切りにする。

② 車エビは殻をむき、背わたを取る。腹から庖丁を入れ、筋を切る。尾の真ん中のケンを切って、さらに尾の先端の1/3の部分を切り落とし、水分を拭き取る。

③ キスは水洗いして頭を取り、背開きにする。

④ 生椎茸は石づきを取り、飾り庖丁を入れる。

⑤ 小なすはがくを取り、半分に切って末広切りにする。

⑥ しし唐は竹串で空気穴を開ける。

⑦ 水と卵黄を合わせ、ふるった小麦粉を加えて軽く混ぜて衣を作る。①〜⑥の材料に小麦粉（分量外）を薄くまぶしてから、それぞれに衣をつけ、175〜180℃の油で揚げる。天つゆを別に添える。

加茂茄子の田楽味噌

八丁味噌独特の風味を活かして作る田楽味噌を果肉の厚い加茂茄子にたっぷりぬって焼き上げます。よく練り上げてつやのある田楽味噌に作りましょう。

【材　料】〈1人分〉
田楽味噌適量／加茂なす1/2個／車エビ1尾／そら豆2個／揚げ油適量

【作り方】
①なすは縦半分に切り、金串で果肉を細かくつく。水分をよく拭き取って、170℃の油でなすを返しながら揚げる。

②車エビはのし串を打ち、塩茹でしてザルに上げて冷ます。頭と尻尾を取り、皮をむいて、1.5cmの長さに切る。

③そら豆は皮をむいて立て塩に20〜30分漬けた後、5分間強火で蒸し上げる。

④①に田楽味噌をぬり、天火で香ばしい香りが立ってくるまで焼く。仕上げに、②と③を天盛りにする。

田楽味噌

◆材　料
八丁味噌……………30g
卵黄………………1/2個分
酒………………大さじ2
みりん…………大さじ1
砂糖…………………10g

◆作り方
鍋に八丁味噌、卵黄、酒、みりん、砂糖を合わせて弱火で10分間練り上げる。

NOTE
鮎やブリ、サワラなどに田楽味噌をぬって田楽焼きに。他に、だしで炊いたこんにゃくや大根、茹で卵につけて味噌おでんにしてもおいしいです。

寄せ鍋

鍋料理の中でも定番中の定番の寄せ鍋。大きな土鍋を多人数で囲むのもよいですが、小鍋立ても、またおつなものです。小鍋とはいえ、魚介を数種用意すると、おいしさもボリュームもアップします。また、魚介類は霜降りにしてから鍋に入れると、つゆが濁りません。煮詰まってきたら、だしを足して味を調節して下さい。

寄せ鍋のつゆ

◆ 材　料〈1人分〉

だし（93ページ参照）……………… 200ml	淡口醤油…………15ml
酒……………20ml	みりん…………15ml
	塩………… 小さじ1/4

◆ 作り方

鍋に材料を合わせて、ひと煮立ちさせる。

N O T E

鍋のしめには、うどんや雑炊が最高です。その時、少しポン酢醤油を加えると味がひきしまります。このつゆは野菜の煮物のだしとしても使えます。筍、かぼちゃ、大根、小芋などおいしく炊けます。

【材　料】〈1人分〉

寄せ鍋のつゆ上記全量／車エビ1尾／タイ（切り身）40g／ブリ（切り身）40g／サワラ（切り身）40g／白菜50g／白ねぎ1/5本／菊菜1/5束／しめじ

【作り方】

①タイ、ブリ、サワラは切り身を用意し、そぎ切りにする。

②車エビは背ワタを取り、頭をそのままにして殻をむく。

③白菜は湯通しして巻き簾で巻き、4cmに切る。

④白ねぎは斜め切りにする。

⑤菊菜は軸を切り、水洗いする。

⑥しめじは石づきを切り取って、水洗いする。

⑦小鍋につゆを張り、つゆがひと煮立ちしたところで、①〜⑥の材料を加えて煮る。途中でつゆが煮詰まったら、つゆやだしを加えて調節する。

カキのおいしい季節にはぜひ食べたいカキ鍋。ここでは白味噌をベースにして、3種類の味噌をブレンドした土手鍋を紹介します。味噌は火を通すことによって甘みが増して、カキの濃厚な旨みによく合います。臭みが出ないように、カキは丁寧に洗いましょう。

土手鍋のつゆ

◆ 材　料

白味噌	30g	おろし生姜	少々
麦味噌	10g	だし（93ページ参照）	
赤味噌	10g		200ml
みりん	大さじ1	濃口醤油	小さじ1
酒	大さじ1		

◆ 作り方

①白味噌、麦味噌、赤味噌、みりん、酒を鍋に入れて、弱火で5分間練る。

②おろし生姜を加える。

③だしを少しずつ加えて、濃度と味を調節する。最後に濃口醤油を加える。

【材　料】

土手鍋のつゆ適量／カキ100g／白ねぎ1/4本／芹1/4束／焼き豆腐1/8丁／かぶ20g／生椎茸1枚／金時人参20g

【作り方】

①カキは大根おろし（分量外）でつまみ洗いし、きれいに水洗いしてざるに上げる。

②白ねぎは笹切りにする。

③芹は4～5cmの長さに切り揃える。

④金時人参は皮をむいて大きめの乱切りにして、下茹でする。

⑤かぶは皮をむいて8つに切り、米のとぎ汁で茹でる。

⑥生椎茸は石づきを取って、飾り庖丁を入れる。

⑦焼き豆腐は、一度湯をかけておく。

⑧鍋に土手鍋のつゆを沸かし、①～⑦の材料を加えて煮る。

豆乳のクリーミィーな口あたりが人気の鍋料理。ヘルシー鍋としても大注目です。魚介にも野菜にも豆乳のコクが加わり、体も心もほっとするおいしさです。

【材　料】〈2人分〉
豆乳鍋のつゆ1200ml／ワタリガニ400g／鶏挽き肉100g／赤味噌・卵・片栗粉・生姜汁各少々／カキ150g／タイ（切り身）100g／金時人参40g／えのき茸1/2束／生椎茸2枚／巻き白菜1本／春菊1/2束／絹ごし豆腐1/2丁

【作り方】
①ワタリガニは甲羅をはずし、水洗いして食べやすい大きさに切る。
②鶏挽き肉に赤味噌、卵、片栗粉、生姜汁を加えて練り混ぜ、スプーンなどで丸く取って湯に落とし、つみれを作る。
③カキは大根おろしでつまみ洗いし、水洗いしてざるに上げる。
④タイは切り身を用意し、食べやすい大きさに切る。
⑤金時人参は皮をむいて食べよく切る。えのき茸は石づきを切り落とす。生椎茸は石づきを切り、飾り切りをする。茹でて巻いた白菜と春菊、絹ごし豆腐は食べよく切る。
⑥鍋に豆乳鍋のつゆを入れて煮立てたら、まず魚介とつみれを入れ、続いて野菜、豆腐を加えて煮る。

豆乳鍋のつゆ

◆ 材　料

豆乳	600ml	淡口醤油	100ml
だし（93ページ参照）		みりん	70ml
	600ml	酒	100ml

◆ 作り方
材料を合わせて火にかける。そのまま置いておくと膜が張ってくるので注意する。

NOTE
野菜や魚介類にあう。

こっくりとした味わいに、体も心も温まる「味噌おでん」。パイナップルやりんごの上品な甘みと酸味を隠し味に加えた味噌ベースのつゆが、牛すじや大根、こんにゃくに染み込んでしみじみとしたおいしさです。

味噌おでんのつゆ

◆ 材　料

白味噌…………… 130g	おろしパイナップル…大さじ 2
赤味噌…………… 60g	みりん………………30ml
おろしりんご……… 1/2個	濃口醤油……………20ml
おろし玉ねぎ……… 1/2個	酒…………………50ml
おろし生姜……… 大さじ 1	だし (93ページ参照)
おろしにんにく…小さじ 1	…………………1000ml

◆ 作り方

①鍋に少量のだしと、その他の全ての材料を入れる。

②木杓子を使って焦げつかないように、弱火で約10分間練る。

③練り上がったら、だしを少しずつ加えてのばしていく。

④でき上がりのつゆの濃度。つゆが煮詰まってきたら、だしを加えて調整する。

【材　料】

味噌おでんのつゆ適量／牛すじ肉500g／大根1/2本／白ねぎ2本／焼き豆腐1丁／こんにゃく1枚／芹1束

【作り方】

①牛すじ肉は水から柔らかくなるまで茹でて、適当な大きさに切る。

②大根は皮をむいて 2 cm厚さに切り、面取りする。米のとぎ汁で下茹でする。

③白ねぎは 5 ～ 6 cm長さに切って、表面をさっと焼く。

④こんにゃくは格子状に隠し庖丁を入れて1.5cm厚さに切り、下茹でする。

⑤焼き豆腐はこんにゃくと同じ厚さに切る。

⑥芹は 4 ～ 5 cmの長さに揃える。

⑦味噌おでんのつゆを張った土鍋に①～⑤を加えて、弱火で30分～ 1 時間煮込む。仕上げに⑥の芹を加える。

 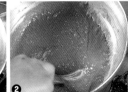  

❶　❷　❸　❹

シラウオの柳川風

「柳川鍋」といえば、ドジョウとごぼうを卵とじにした鍋のこと。ドジョウの独特のクセは好みが分かれるところで、ここではより扱いやすいシラウオを柳川風に仕上げました。シラウオは淡白な味が特徴で、旬は2〜4月です。卵とじでは、卵に火を通し過ぎずにふんわりとまとめます。

【材料】

柳川鍋のつゆ左記全量／シラウオ40g／ごぼう30g／卵1個／菜の花5本／百合根少々／食紅少々／粉山椒少々

【作り方】

① シラウオは立て塩に約10分漬けて、水洗いする。

② ごぼうは笹がきにして、水にさらす。

③ 菜の花は軸を揃えて、塩茹でにする。

④ 百合根は花びらにむいて、食紅と塩を入れた湯で茹でる。

⑤ 柳川鍋につゆを入れて、ごぼうを敷く。ひと煮立ちしたら、シラウオを入れる。

⑥ シラウオに火が通ったら、溶き卵を回し入れる。菜の花、百合根を散らし、蓋をして蒸らす。好みで粉山椒をふる。

柳川鍋のつゆ

◆材料

だし（93ページ参照）	みりん…………10ml
…………100ml	酒…………10ml
淡口醤油…………10ml	

◆作り方

鍋に材料を合わせて、ひと煮立ちさせる。

しゃぶしゃぶのたれには、野菜もおいしく食べられる濃厚みのあるものが向きます。ここでは白味噌をベースに練りごまやナッツ類、おろし玉ねぎ、そして牛乳、生クリームも加えて複雑な味わいに仕上げています。旨味が広がるごまだれなので、茹でた野菜のディップにも最適です。

【材　料】〈1人分〉
しゃぶしゃぶのたれ適量／牛ロース肉（しゃぶしゃぶ用）100g／玉ねぎ1/3個／ブロッコリー20g／カリフラワー20g／ヤングコーン1本／赤ピーマン少々／黄ピーマン少々／グリーンアスパラガス2本／生椎茸2個

【作り方】
①牛ロース肉はしゃぶしゃぶ用を用意し、好みの加減に湯通ししたら、すぐに氷水に取る。牛肉が冷めたら、水気を拭き取る。
②玉ねぎは薄く切って、湯通しする。
③ブロッコリー、カリフラワーは同じ大きさに切り揃えて、塩茹でにする。
④ヤングコーンは2cm長さに切り、塩茹でにする。
⑤ピーマンは輪切りにして種を除き、さっと湯通しする。
⑥グリーンアスパラははかまを取って適当な長さに切り、塩茹でにする。
⑦生椎茸は石づきを取り除き、さっと茹でる。
⑧器にかいた氷をのせ、①〜⑦を盛り、たれを添える。

しゃぶしゃぶのたれ

◆ 材　料

白味噌	100g	炒りごま	小さじ2
赤味噌	30g	おろし玉ねぎ	1/4個分
練りごま	60g	おろしにんにく	小さじ1
マヨネーズ	30g	人参	15g
濃口醤油	80ml	生クリーム	80ml
みりん	120ml	牛乳	450ml
ポン酢醤油	160ml		
おろしりんご	1/4個分		
アーモンド	20g		
ピーナッツ	20g		
カシューナッツ	20g		

◆ 作り方
①ミキサーに生クリームと牛乳以外の材料を全て入れて、撹拌する。
②食べる直前に、牛乳と生クリームを加えて濃度を調整する。

うすい豆ご飯

少し塩気のきいたご飯が豆の風味を引き立てる春らしい色合いのご飯料理。グリンピースの鮮やかな緑色を活かす方法を紹介します。

ご飯
合わせだし

◆ 材　料〈3合分〉

水……………… 650ml
酒……………… 20ml
塩…………… 小さじ1
昆布…………… 10g

【材　料】〈3人前〉

ご飯合わせだし右記全量／米2.5カップ／もち米0.5カップ／グリンピース150g／水5カップ／塩大さじ1 1/2／花びら百合根20枚

【作り方】

①米ともち米を合わせてとぎ、ざるに上げておく。

②鍋に水に塩を加えてグリンピースを湯がき、柔らかくなったら火を止める。豆が鍋底に沈んできたら、流水でゆっくりと冷まし、ザルにあげて水気をきる。

③炊飯器に①を入れ、合わせだしの材料を加えて炊く。炊き上がりに①のグリンピースを加え混ぜ、10分ほど蒸らす。ご飯をきり混ぜて器に盛り、花びら百合根を添える。

釜飯のだし

◆ **材 料**

だし（93ページ参照）	酒……………… 100ml
……………1200ml	みりん………… 70ml
淡口醤油……… 100ml	

◆ **作り方**

材料を合わせて混ぜる。米の2割増しの合わせだしで炊く。

【材　料】

釜飯のだし240ml／米1カップ／松茸30g／鶏肉30g／油揚げ1/5枚／栗2個／銀杏3個

【作り方】

①米は洗ってざるに上げ、1時間置いてから釜に入れる。

②松茸は石づきをそうじして洗い、薄切りにする。

③鶏肉は小さく切る。油揚げは油を抜いて、小口切りにする。

④栗は皮をむき、さいの目切りにする。銀杏は小口切りにする。

⑤①に②〜④を入れ、釜飯のだしを張って炊き上げる。

天丼のつゆ

温かいご飯につゆの染みた天ぷらをのせた天丼の旨さは格別で、年齢を問わず人気があります。天丼のつゆは、天つゆより少し辛めにすることで、ご飯が最後までおいしく食べられます。

◆ 材　料〈1人分〉

だし（93ページ参照）　　　たまり醤油………5ml
……………40ml　　　みりん…………15ml
濃口醤油………10ml　　　砂糖………小さじ1/2

◆ 作り方

①鍋にみりんを入れて、ひと煮立ちさせる。
②みりんが沸いたら残りの調味料を加えて、ひと煮立ちさせる。

【材　料】〈1人分〉

天丼のつゆ左記全量／車エビ1尾／キス1尾／アナゴ30g／小なす1/2個／生椎茸1枚／大葉1枚／玉ねぎ15g／水100ml／卵黄1/4個分／小麦粉1/2カップ／揚げ油適量／ご飯適量

【作り方】

①車エビ、キス、アナゴ、小なす、生椎茸は62ページの「天ぷら盛り合わせ」の作り方を参考に下処理する。
②玉ねぎは皮をむいて、5㎜厚さに切る。
③大葉は洗っておく。
④水と卵黄を合わせ、ふるった小麦粉を混ぜ、衣を作る。
⑤①と②に小麦粉（分量外）をまぶし、④の衣をつける。③は葉の裏側だけに衣をつけて、175〜180℃の油で揚げる。
⑥丼にご飯を盛り、つゆを少しかける。⑤の天ぷらをつゆにくぐらせ、ご飯にのせる。

親子丼のつゆ

鍋をゆするようにすると卵がふわふわに仕上がります。をするようにかけるのが、おいしい作り方です。をするように活かしてふんわりと卵でとじ、とろとろの卵と一緒にご飯に蓋鶏肉の旨味を活かしてふんわりと卵でとじ、とろとろの卵と一緒にご飯に蓋

◆ 材　料〈1人分〉

だし（93ページ参照）	淡口醤油………10ml
……………100ml	みりん…………20ml
濃口醤油………10ml	砂糖……… 小さじ1/2

◆ 作り方

親子丼用の鍋に材料を入れて、ひと煮立ちさせる。

【材　料】〈1人分〉

親子丼のつゆ左記全量／鶏モモ肉80g／玉ねぎ1/4個／わけぎ2本／卵1/2個／ご飯適量

【作り方】

①鶏モモ肉は小さめに切る。

②玉ねぎは皮をむいて、3cm厚さに切る。

③わけぎは斜め切りにする。

④卵は黄身と白身が混ざりきらない程度に、コシを残して溶く。

⑤親子丼用の鍋につゆを煮立たせ、②を入れて続いて①を入れる。ほぼ火が通ったら、③を加える。溶き卵を回し入れ、半熟状態で火を止める。蓋をして、少し蒸らしてからご飯にのせる。

牛丼の変わりつゆ

◆ **材　料**〈1人分〉

濃口醤油…………50ml	オイスターソース…20ml
酒………………20ml	砂糖…………大さじ1
みりん…………50ml	豆板醤……小さじ1/2

◆ **作り方**

材料を合わせておく。

【材　料】〈1人分〉

牛丼の変わりつゆ適量／牛バラ肉80g／玉ねぎ1/4個／茹で筍20g／ピーマン1個／人参20g／白ねぎ1/8本／サラダ油適量／ご飯適量

【作り方】

①牛バラ肉は食べやすい大きさに切る。

②玉ねぎは皮をむいて、3cm厚さに切る。

③茹で筍は湯通しして、短冊切りにする。

④ピーマンは半分に切って種を取り、1cm幅に切る。

⑤人参は皮をむいて、短冊切りにする。

⑥白ねぎはごく細く切り、水にさらし、白髪ねぎにする。

⑦フライパンにサラダ油を入れ、②～⑤を炒める。火が通ったら牛肉とつゆを加え、強火で手早く炒める。

⑧丼にご飯を盛り、その上に⑦を盛る。仕上げに白髪ねぎをのせる。

変わり牛丼

肉を煮る牛丼ではなく、たれ焼きにする牛丼です。オイスターソースでコクを、豆板醤で独特の辛味を加えた濃厚なつゆなので、牛肉だけでなく野菜もご飯もおいしく味わえます。野菜をたっぷり使ってお作り下さい。

握りずしは日本人の大好物。新鮮な魚介を取り揃えたら、あまり時間をかけずに手早く、握りましょう。すし飯も炊きたてのご飯にシャッシャッとすし酢を切り混ぜて手際よく作ると気分も盛り上がります。

すし酢

◆ 材　料〈米5合分〉

米酢……………… 100ml
砂糖……………… 70g
塩………………… 25g

◆ 作り方

鍋に材料を入れて火にかけ、砂糖と塩を手早く煮溶かす。

NOTE

すし酢はご飯が炊き上がる直前に作ります。炊き上がったご飯にかけ、手早く切るように合わせ、すし飯を作ります。

【材　料】〈1人分〉
すし飯（左記参照）適量／マグロ（トロ）20g／ヒラメ（上身）15g／トリ貝10g／剣イカ15g／車エビ1尾／わさび適量／甘酢漬けの新生姜10g（甘酢の作り方は35ページ参照）

【作り方】
①トロはサク取りして、そぎ切りにする。
②ヒラメは上身を用意してサクに取り、そぎ切りにする。
③トリ貝はそうじをして、酢洗いする。
④剣イカは水洗いして、上身に隠し庖丁を入れる。
⑤車エビはのし串を打って塩茹でし、ざるに上げる。冷めたら頭と殻を取り、腹開きにする。
⑥すし飯を握り、わさびをぬり、①～⑤の魚介をのせて握る。甘酢漬けの新生姜を添える。

カニとなめこの雑炊

雑炊
合わせだし

◆ **材　料**

だし（93ページ参照）
　……………… 5カップ
塩……………… 小さじ1
淡口醤油……… 小さじ1
酒……………… 大さじ1

上品なカニの旨みが喜ばれる雑炊です。おろした山芋を加えてなめらかな食感に、卵をご飯全体になじませて色みよく、口当たりも柔らかに仕上げます。

【材　料】〈1人分〉

雑炊合わせだし200ml／ご飯茶碗1杯分／ズワイガニ（上身）70g／なめこ30g／おろし山芋50g／卵1個／三つ葉3本／梅肉少々／柚子胡椒少々

【作り方】

①ご飯はぬるま湯で洗ってぬめりを取り、ざるに上げて水気をきる。

②ズワイガニはさばいておく。

③なめこはぬめりを取って、湯通しする。

④三つ葉は葉を取って、1.5cm長さに切る。

⑤鍋に雑炊合わせだしを沸かして①のご飯を入れ、ひと煮立ちしたらおろし山芋を溶き入れる。ズワイガニ、なめこ、三つ葉を加え、弱火にして軽く溶いた卵を外側より流し込み、火を止めて軽く混ぜる。

⑥器に⑤を盛り、梅肉を中心に盛る。好みで柚子胡椒をふる。

【覚え書き】

◎卵を加えたら火を止め、ひと呼吸おいて軽く混ぜると、全体によくなじむ。

❶ご飯をぬるま湯で洗い、ぬめりを除く。ぬめりはしっかりと除くこと。

❷合わせだしを火にかけ、煮立ったらご飯を加えて、ひと煮立ちさせる。

❸おろし山芋を溶き入れる。続いてカニ、なめこ、三つ葉を加える。

❹卵は軽く溶きほぐし、分離しないよう、弱火にして流し入れる。

❺火を止め、軽く混ぜ合わせ、卵を全体に均一になじませる。

鮑の洋風焼き

味噌
クリームチーズ

◆ 材　料

白味噌……………………30g　　白ワイン………… 大さじ3
クリームチーズ………15g

◆ 作り方

①鍋に材料を合わせて、弱火で5分間練り上げる。
②ダマにならないように、なめらかな状態になったら完成。

白味噌とクリームチーズに白ワインを練り込んで、アワビにのせて
焼くグラタン風の一皿。クリームチーズは、酸味が強いものは不向
きで、なるべくクセのないものを。味噌クリームチーズは、オーブ
ンで焼くことで香ばしさが出ます。とろりと比較的濃厚な味わいな
ので、アワビの他、淡白な白身魚やイカなどに合います。

【材　料】〈1人分〉
味噌クリームチーズ適量／アワビ（中）1/4個／塩少々／胡椒少々／剣イカ30g
／なす1/2本／ブロッコリー30g／金時人参20g／サラダ油適量

【作り方】

①アワビは塩でみがき、殻から身をはずしてワタを取り、乱切りにする。フラ
　イパンにサラダ油を敷き、手早くアワビを炒め、軽く塩と胡椒をする。

②剣イカは胴からワタごと足をはずす。エンペラから胴の皮を布巾などを使っ
　てむく。胴を開いて軟骨や残っているワタを丁寧に取り除く。胴の部分は短
　冊に切って、さっと湯通しする。

③なすは隠し庖丁を入れて、4等分に切る。水分をよくふいて、油で揚げる。

④ブロッコリーは大きさを揃え、塩を加えた湯で茹でる。

⑤金時人参はスプーンなどで丸くくり抜き、さっと湯通しする。

⑥アワビの殻を器として使う。器に①〜⑤を盛り、味噌クリームチーズをかけ
　る。180℃のオーブンで約8分焼く。

鰯のマスタード焼き

【材料】
和風マスタードのたれ適量／イワシ4匹（1匹100g見当）／塩少々／胡椒少々
／梅干し1個／酒大さじ1／小麦粉適量／サラダ油適量／茹で筍80g／玉ねぎ
1/2個／貝割れ菜1/4パック／ラディッシュ2個／あさつき少々

【作り方】
①イワシは手開きにする。塩と胡椒で下味をつけて、油をふりかけた梅干しの
　果肉を振りかける。小麦粉をまぶし、油を敷いたフライパンで両面をこんが
　りと焼く。
②茹で筍は5mm厚の薄さに切って、下茹でする。
③玉ねぎは薄くスライスして水にさらし、辛味を抜く。
④貝割れ菜は適当な長さに切り、ラディッシュは薄くスライスする。
⑤器に焼いたイワシを盛り、和風マスタードのたれをかける。イワシの上に②
　〜④を盛り、あさつきをあしらう。

梅干しの酸味をのせてさっぱりとムニエルにしたイワシをマスター
ドのソースで。醤油を加えているのでご飯にもよく合います。バタ
ーは他の調味料がひと煮立ちしたら、火をとめてから加え、風味を
最大限に活かします。

和風マスタードソース

◆材　料

フレンチマスタード…	大さじ1	みりん…………	大さじ1
粒マスタード……	小さじ1	生クリーム………	大さじ2
濃口醤油………	大さじ1	無塩バター………	10g
酒………………	大さじ1		

◆作り方
①最初にバター以外の材料を合わ
　せて、火にかける。混ざったら、
　バターを加える。
②沸騰する前に火を止めて、余熱
　でバターを溶かす。

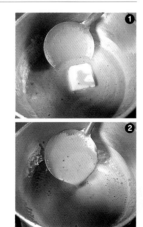

NOTE

ソテーした鶏肉、甘鯛、鯛、サワ
ラなどによく合います。どんな食
材にかけても、さっぱりとした味
わいに仕上がります。

マヨネーズに生クリームと練乳を加えてよりクリーミーに、ケチャップやチリソースを加えて味のアクセントにしたソースで、揚げたてのエビを和えます。まったりとしたコクが揚げたエビと相まって絶妙のおいしさ。

変わり
マヨネーズ

◆ 材料
　マヨネーズ………… 大さじ5
　生クリーム………… 大さじ2
　練乳……………… 大さじ1
　トマトケチャップ…… 大さじ3
　チリソース………… 小さじ1/2

◆ 作り方
材料を合わせてよく混ぜ合わせる。
チリソースで好みの辛さに調節。

【材料】
変わりマヨネーズ適量／ブラックタイガー20尾／梅干し（裏濾ししたもの）1/2個／塩少々／胡椒少々／卵白1個分／片栗粉大さじ4／さやいんげん50g／トマト1個／春巻きの皮1枚／揚げ油適量／セルフィーユ少々

【作り方】
①ブラックタイガーは背わたを除いて殻をむき、水洗いして水分を切る。

②さやいんげんは半分の長さに切り、塩茹でにする。

③トマトはくし型に切る。

④春巻きの皮を熱した油に浮かべ、中央をおたまで窪ませて器を作る。

⑤裏濾しした梅干しに塩、胡椒、卵白、片栗粉を混ぜて、エビの揚げ衣を作る。

⑥①のエビに⑤の揚げ衣をつけて、中温の油で揚げる。

⑦揚げたてのエビと②のさやいんげんを変わりマヨネーズで和える。

⑧器に③のトマトを円状に並べて、中央に④の春巻きの皮をおき、に⑦を盛りつける。仕上げに、セルフィーユをあしらう。

南瓜とエビのヨーグルトネーズサラダ

フルーツも加えてヨーグルト風味のソースで和えた、女性好みのサラダです。

ヨーグルトネーズソース

◆ 材 料〈1人分〉

プレーンヨーグルト	15ml
マヨネーズ	15ml
サワークリーム	10g
塩・胡椒	各少々

◆ 作り方

材料を合わせてよく混ぜ合わせる。

【材 料】〈1人分〉

ヨーグルトネーズソース上記全量／かぼちゃ30g／車エビ20g／りんご20g／干しぶどう5～6粒／ブランデー 適量

【作り方】

①かぼちゃは皮をむいて1.5cm角に切り、薄塩をあててから蒸して柔らかくする。

②車エビの背わたを取り、のし串を打って塩茹でにして殻をむき、ひと口大に切る。

③りんごは薄くいちょう切りにして立て塩につける。

④干しぶどうはブランデーに漬けて10～20分おいてから火にかけ、アルコール分を飛ばして香りをつける。

⑤食べる直前に①～④をヨーグルトネーズソースで和えて器に盛る。

カレードレッシング

◆ 材 料

酢	40ml	サラダ油	120ml
塩	小さじ1/2	ヨーグルト	大さじ3
カレー粉	小さじ1/2	玉ねぎみじん切り	大さじ1
濃口醤油	大さじ2	にんにくみじん切り	小さじ1

◆ 作り方

①酢、塩、カレー粉を混ぜて、塩を溶かし、サラダ油以外の材料を全て加えて、よく混ぜ合わせる。

②サラダ油を少しずつ加えて、とろみが出てくるまで撹拌する。

【材 料】

カレードレッシング適量／ホタルイカ100g／りんご1/4個／茹で筍100g／菜の花70g／トマト1個／レッドオニオン1/4個／サニーレタス5枚／ぶぶあられ大さじ1

【作り方】

①ホタルイカは目、口、軟骨を取り除いて、さっと茹でる。

②りんごは皮付きのまま短冊に切り、立て塩に漬ける。

③茹で筍は薄く切ってさっと茹でて、水にさらす。

④菜の花は塩茹でにし、食べやすい大きさに切る。

⑤トマトは皮を湯むきにし、2cm角に切る。

⑥レッドオニオンはせん切りにし、水にさらして辛味を抜く。

⑦サニーレタスは食べやすい大きさにちぎり、冷水につける。

⑧①～⑦の水分をよく切って、カレードレッシングで和えて器に盛り、ぶぶあられを散らす。

ホタルイカの春サラダ

晩春から初夏にかけて出回るホタルイカ。このホタルイカと春野菜を、カレー粉とヨーグルトを加えた少しスパイシーなドレッシングで和えました。ドレッシングは白っぽくなるまでよく混ぜてとろりとさせましょう。

梅肉風味のドレッシングでタコを和えた、食欲のない暑い季節にも、さっぱりと食べられるうれしい一品です。香味野菜とシャキシャキの長芋、昆布の旨みも添えます。

【材料】

梅ドレッシング適量／茹でダコ250g／みょうが2個／大葉5枚／貝割れ菜1/4パック／長芋30g／塩吹き昆布少々／炒りごま少々

【作り方】

①茹でダコは薄くスライスして、器に並べる。

②みょうがと大葉は細く切り、水にさらす。貝割れ菜は根を取り、水にさらす。

③長芋は5㎜角に切る。塩吹き昆布は細切りにする。

④①の上に②をこんもりとのせ、③と炒りごまを散らし、梅ドレッシングをかける。

梅ドレッシング

◆ 材 料

梅肉	40g	みりん	大さじ1
だし(93ページ参照)	50ml	オリーブ油	大さじ4
酢	大さじ2	塩	少々
淡口醤油	小さじ2	胡椒	少々

◆ 作り方

①梅肉はすり鉢でよくすっておく。

②だしと酢、淡口醤油、みりん、塩、胡椒を合わせてよく混ぜる。

③②にオリーブ油を少しずつ加えて、よく混ぜ合わせる。

④①の梅肉に③を少しずつ加えて、のばす。

カレーソース

◆材料

酢······50ml	玉ねぎみじん切り
塩······小さじ1/2	······大さじ1
カレー粉······大さじ1/2	パセリみじん切り
濃口醤油······大さじ2	······小さじ1
マヨネーズ······大さじ1	サラダ油······90ml

◆作り方

①サラダ油以外の材料を加えて、よく混ぜ合わせる。
②サラダ油を少しずつ加えて、よく撹拌する。

伊勢エビと鶏肉のソテー、温野菜のサラダを、カレー風味のソースで和えました。さっぱりした味わいで、夏向きの一品です。カレーソースは分離しないように、充分に撹拌することが大切なポイントです。

【材料】

カレーソース適量／伊勢エビ1尾／鶏モモ肉100g／塩少々／胡椒少々／小麦粉少々／ブロッコリー100g／キャベツ1/8個／レッドオニオン1/4個／トマト1個／蓮根30g／貝割れ菜1/4パック

【作り方】

①伊勢エビは身をひと口大に切る。鶏モモ肉はエビの大きさに揃える。それぞれ塩と胡椒をふり、薄く小麦粉をつけ、油を敷いたフライパンで焼く。

②ブロッコリーはひと口大に切って、塩茹でにする。

③キャベツは乱切りにして、下茹でする。

④レッドオニオンはスライスして、水にさらす。

⑤トマトは皮を湯むきして、2cm角に切る。

⑥蓮根はスライスして、歯応えを残す程度に下茹でする。

⑦伊勢エビと鶏肉、野菜を合わせて、カレーソースで軽く和え、器に盛り、貝割れ菜を散らす。

ホタテのウニソース

ウニソース

◆ **材 料**

バター	20g	生ウニ	50ml
牛乳	100ml	塩	少々
小麦粉	大さじ1	胡椒	少々

◆ **作り方**

①ベシャメルソースを作る。鍋で小麦粉を弱火で炒り、パラパラになったらバターを加える。鍋底が焦げつかないように木杓子でよく混ぜ合わせ、温めた牛乳を鍋に少しずつ加える。よく練って、なめらかに作る。

②①に裏濾ししたウニを加えてよく混ぜて、塩と胡椒で味を調える。

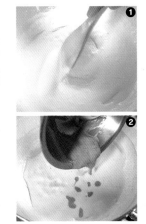

NOTE

グラタンソースとして使い「ウニグラタン」にしてもよいでしょう。茶碗蒸しにかけるなど工夫次第でいろいろと活用できます。

ベシャメルソースに生ウニの裏濾しを混ぜた、贅沢で濃厚なソースを、じゃが芋で挟んだホタテのソテーに取り合わせました。見た目にも美しく、特別な日の料理にもふさわしい仕立てです。ウニは必らず生ウニを使い、裏濾ししてなめらかに作ります。

【材 料】

ウニソース適量／ホタテ貝柱3個／塩少々／胡椒少々／小麦粉大さじ1
じゃが芋1個／そら豆3個／大葉1枚／赤ピーマン少々／バター少々
サラダ油適量／揚げ油適量

【作り方】

①ホタテ貝柱は身の両面を軽く叩いて塩と胡椒をふり、小麦粉をまぶす。

②じゃが芋はかつらむきにして、針打ちにする。1/3は水にさらし、水気を切り、素揚げにする。残りは①のホタテの両面にまぶす。

③フライパンにサラダ油を敷き、弱火でじゃが芋をまぶしたホタテの両面を焼く。仕上げにバターを加える。

④そら豆はさやから出して、皮をむく。立て塩に漬けて茹でる。

⑤赤ピーマンはあられに切り、湯通しする。大葉は素揚げにする。

⑥皿にウニソースを敷き、③を盛り、素揚げにしたじゃが芋を中心にのせ、④〜⑤をあしらう。

りんご味噌のレタス巻き

りんごの甘味と酸味がほんのり感じられる練り味噌。とがった塩味はなく、優しい味わいで炒め野菜や肉の網焼きのつけだれにも向きます。ここでは牛肉と春野菜を炒め、りんご味噌と一緒に巻きながら食べる趣向です。

【材料】

リンゴ味噌適量／牛ロース肉200ｇ／糸こんにゃく150ｇ／茹で筍100ｇ／菜の花1束／わかめ（戻したもの）50ｇ／人参30ｇ／グリンピース30ｇ／サニーレタス1玉／塩少々／胡椒少々

【作り方】

①牛肉はひと口大に切る。糸こんにゃくは5㎝の長さに切り、湯通しする。

②筍は薄く切って、下茹でする。菜の花は3㎝の長さに切り、茹でる。

③わかめは食べやすい大きさに切る。人参はせん切りにする。グリンピースは塩茹でにする。

④フライパンにサラダ油を熱し、①の牛肉を炒める。半分ほど火が通ったら、糸こんにゃくを加える。

⑤糸こんにゃくの水分がとんだら、②～③を加えて、塩、胡椒で味つけする。

⑥サニーレタスは食べやすい大きさにさばき、水洗いして皿に盛る。

⑦器に⑤を盛り、別にサニーレタスとりんご味噌を添える。

りんご味噌

◆ 材　料

おろしりんご	100g	酒	50ml
白味噌	150g	卵黄	2個分
八丁味噌	50g	砂糖	大さじ2

◆ 作り方

鍋に材料を入れて混ぜ合わせ、弱火で5～7分間練る。

NOTE

鶏ささ身と野菜の和え物の和え衣や鶏肉や、豚ロースの網焼きにつけて食べる味噌だれとしても美味。大根やかぶの風呂吹きに添えても、趣きの変わった味わいを楽しめます。

麺 のたれ・つゆ

きつねうどん

甘辛く炊いた油揚げをのせたきつねうどんは、定番ながら人気の高いうどんメニューです。油揚げは味がしっかりと含まるよう、ていねいに油抜きし、じっくりと炊き上げます。

【材料】〈1人分〉
かけだし400ml／冷凍うどん200g／油揚げ（炊いたもの）1枚／焼きかまぼこ1枚／白ねぎ20g／柚子少々

【作り方】
①冷凍うどんは2〜3分茹でて水分をきる。
②焼きかまぼこは薄めのそぎ切りにする。
③白ねぎは小口切りにし、水にさらす。
④器を温め、かけだしで温めたうどんを盛り、かけだしを張り、炊いた油揚げとかまぼこ、白ねぎを盛り、へぎ柚子を添える。

かけだし

◆ 材 料

水	5カップ	塩	小さじ1
昆布	10g	みりん	大さじ1
煮干し	10g	酒	小さじ2
ムロ節	20g	淡口醤油	大さじ11/2
花カツオ	15g		

◆ 作り方

①水と昆布、煮干し、ムロ節、花カツオで麺用のだしを取る。取り方は93ページ参照のこと。
②麺用のだしを火にかけ、塩、みりん、酒、淡口醤油で味を調え、ひと煮立ちさせる。

カレー
うどんだし

◆ 材 料

かけだし(91ページ参照)…400ml	みりん…………… 小さじ2
カレー粉……… 小さじ1/4	ウスターソース… 小さじ1
カレールー…………… 30g	水溶き片栗粉…… 大さじ1
濃口醤油………… 小さじ1	

◆ 作り方

① かけだしを火にかけ、具を入れて煮込み、火が通ったら調味料を加える。

② 仕上げに水溶き片栗粉でとろみをつける。

【材 料】〈1人分〉

カレーうどんだし左記全量／冷凍うどん200g／牛肉（薄切り）80g／油揚げ1/2枚／玉ねぎ1/4個／わけぎ2本

【作り方】

① 冷凍うどんは約2分茹でて戻し、水分をきる。

② 牛肉は食べよい大きさに切る。油揚げは油抜きをして短冊切りにする。玉ねぎは3㎜幅の薄切りにする。わけぎは4㎝長さの斜め切りにする。

③ 鍋にカレーうどんだしのかけだしを入れて火にかけ、玉ねぎ、牛肉、油揚げ、わけぎの順に入れて煮込み、調味料を加えて煮込み、水溶き片栗粉でとろみをつける。

④ 温めておいた器にうどんを盛り、③をかける。

和風カレーうどん

だしの風味が利いたカレーうどんは、クセになる味わいです。かけだしをベースに市販のカレールーを活用しますが、カレー粉でスパイシーさをプラスし、ウスターソースと醤油を味のアクセントに。薄切りの豚肉や鶏もも肉でもおいしい。

だし の取り方

材料

水…………5カップ
昆布…………15g
花カツオ…20〜15g

浮いてくるアクを除き、沸騰するのを待つ。

昆布は水に30分ほどつけて火にかけ、沸騰直前に取り出す。

カツオが落ち着くのを待って、布濾しする。

沸騰したら花カツオを加えて火を止め、アクを除く。

麺用 だしの取り方

やや強めの火にかけ、沸騰直前に昆布を引き上げる。

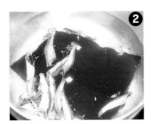
水に昆布と煮干しを入れ、そのまま1〜2時間おく。

煮干しは頭とワタを取り除き、臭みが出るのを防ぐ。

材料

水………5カップ
昆布…………10g
煮干し………15g
ムロ節………15g
花カツオ……15g

カツオ節が落ち着くのを待って、布濾しする。

花カツオを加えて火からおろし、アクを除く。

途中、出てくるアクは丁寧に取り除く。

ムロ節を加えたら、やや火を弱め、2〜3分ほど煮出す。

うどん用のだし

材料

水………5カップ	ムロ節………15g
昆布………10g	花カツオ……15g
煮干し………15g	

◆作り方

水に昆布、頭とワタを除いた煮干しをつけて1〜2時間おいて火にかけ、沸騰直前に昆布を引き上げる。ムロ節を加えて2〜3分加熱し、最後に花カツオを入れて火を止め、アクを除いて布濾しする。

そば用のだし

材料

水………5カップ	ムロ節………20g
昆布………10g	花カツオ……15g

◆作り方

水に昆布をつけて30分〜1時間おいてから火にかけ、沸騰直前に昆布を引き上げ、ムロ節を加える。2〜3分加熱し、最後に花カツオを入れて火を止め、アクを除いて布濾しする。

かけつゆ

材料

だし……5カップ	みりん……170ml
濃口醤油…120ml	砂糖……小さじ1
たまり醤油…50ml	

◆作り方

だし(そば用、またはうどん用)と調味料を合わせ、ひと煮立ちさせて冷ます。冷蔵保存で4〜5日持つ。ぶっかけうどんなどにはつけつゆよりだしを多く配合したこのかけつゆが向く。

つけつゆ

材料

だし……5カップ	みりん……285ml
濃口醤油…200ml	砂糖……小さじ1
たまり醤油…85ml	

◆作り方

だし(そば用、またはうどん用)と調味料を合わせ、ひと煮立ちさせて冷ます。冷蔵保存で4〜5日持つ。ざるそばやざるうどんのつけつゆに。

うどん用・そば用 だしとつゆ

そうめん用のだし

材料

水………5カップ	干しエビ……10g
煮干し………10g	花カツオ……10g
干し椎茸……　4g	ムロ節………10g
昆布…………　7g	

◆ 作り方

昆布、頭とワタを除いた煮干し、干しエビ、干し椎茸を水に2〜3時間つけ、風味を引き出した後、火にかけることがポイント。沸騰寸前に昆布を引き上げたら、ムロ節を加えて弱火で15〜25分炊き、花カツオを加えて布濾しする。

かけつゆ

材料

だし……5カップ	淡口醤油…　50ml
濃口醤油…　50ml	みりん……100ml

◆ 作り方

そうめん用のだしに調味料を合わせ、ひと煮立ちさせて冷ます。冷蔵で4〜5日保存できる。

つけつゆ

材料

だし……5カップ	淡口醤油…125ml
濃口醤油…125ml	みりん……250ml

◆ 作り方

そうめん用のだしに調味料を合わせ、ひと煮立ちさせて冷ます。冷蔵で4〜5日保存できる。

茶ぶりなまこ　かぶらみぞれ酢

【材　料】〈4人前〉

赤ナマコ100g／番茶20g／ナマコ酢適量／かぶ1玉／柚子1/8個／番茶20g

【作り方】

①赤ナマコは塩もみしてぬめりを取り、水洗いして薄くスライスする。

②お湯を沸かし、番茶の茶葉を入れたお茶パックを落とし、煮出す。

③②のお茶を80℃くらいにし、①のスライスしたナマコを入れて霜降りにし、ぬるま湯に落とす。

④③を水にさらしたら、ナマコ酢に6時間ほど漬ける(仮漬け)。

⑤④をザルにあけ、新しいナマコ酢に漬け込む(本漬け)。

⑥かぶは皮をむき、卸し金ですりおろし、甘酢と合わせる。器に流し、⑤のナマコを入れ、刻み柚子を天盛りする。

※かぶのすりおろし1（100㎖）に対し、甘酢は1/2量（50㎖）を合わせる。

甘酢

◆材料

水	50㎖
米酢	25㎖
砂糖	25g
塩	少々

◆作り方

材料をすべて合わせて混ぜる。

ナマコ酢

◆材料

だし	200㎖	砂糖	適量
米酢	25㎖	塩…少々	
みりん	25㎖	※だし8：米酢1：み	
濃口醤油	25㎖	りん1：濃口醤油1	

◆作り方

材料をすべて混ぜ合わせ、ひと煮立ちさせて急冷する。

酢の物三種

先付け、前菜、強肴に出すと喜ばれる酢の物三種の組み小鉢。三種の酢の物はイクラとウニ、ナマコ、白魚…と、材料とともに酢を変化させ、味の違いを楽しんでもらいます。バルサミコ酢を加えた酢を使うことで、深みのある豊かな味わいをつくり出します。

いくらのバルサミコ酢風味寄せ

【材　料】〈4人前〉

スジコ100g／イクラ漬け地適量／すだち1個／長芋50g／ウニ10g／梅肉適宜

【作り方】

①スジコは軽く塩をして30分置き、40℃くらいのぬるま湯に浸けて薄皮を取り、バラバラにほぐしてザルにあげ、水切りする。

②①のイクラを浸け地に6時間程漬ける（仮漬け）。

③②をザルにあげ、再び新しい漬け地に浸ける（本漬け）。

④バルサミコ酢ゼリーのゼラチンが固まりかけてきたら、すだちを絞り、③のイクラを合わせて器に流し、たたき長芋、ウニを盛り付ける。

⑤ウニの上に梅肉をのせ、味を引きしめる。

バルサミコ酢 ゼリー

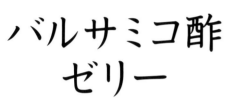

◆材料

だし	180㎖	塩	少々
みりん	15㎖	板ゼラチン	3g
淡口醤油	15㎖	※割合…だし12：み	
バルサミコ酢（白）		りん1：淡口醤油1：	
	15㎖	バルサミコ酢1	
砂糖	適量		

◆作り方

バルサミコ酢の合わせ調味料を火にかけ、ひと煮立ちさせて、戻したゼラチンを入れて急冷する。

イクラ漬け地

◆材料

酒	100㎖	※割合…酒2：みり	
みりん	50㎖	ん1：淡口醤油0.7	
淡口醤油	35㎖		

◆作り方

酒とみりんを合わせて火にかけ、アルコールを飛ばし、急冷する。冷めてから、淡口醤油を合わせる。

青さ海苔 バルサミコ酢風味寄せ

【材　料】〈2人前〉

新たけのこ1/4本／シラウオ15g（6尾）／青さのり10g／バルサミコ酢ゼリー100㎖

【作り方】

①新たけのこは薄切りにし、吸地八方だし（分量外）でひと煮立ちさせ、味を含ませる。

②シラウオは白煮にする。シラウオを鍋に並べ、酒、みりんを入れて火にかけ、塩を振る。白くなって火が通ったら、淡口醤油をほんの少し入れ、香りを付けて急冷する。

③バルサミコ風味酢ゼリーに青さのりを合わせて器に流し、②のシラウオを盛り付ける。

シラウオの 白煮合わせ地

◆材料

酒	50㎖
みりん	25㎖
塩	少々
淡口醤油	少々
※割合…酒2：みりん1	

スモークサーモンとクリームチーズ いぶりがっこの白和え

魚介のスモークと大根のスモークを合わせた一品。なめらかな口当たりと酸味が人気のクリームチーズと白和え衣を合わせることでまろやかな仕上がりになります。みじん切りにしたカシューナッツも合わせ、カリッとした食感を加え。おいしさをアップさせます。

【材　料】〈4人前〉
スモークサーモン20g／スモークホタテ1粒／いぶりがっこ20g／いんげん2本／カシューナッツ適量／白和え衣40g
【作り方】
①スモークサーモンは、5mm角にカットする。
②スモークホタテは、繊維に沿ってほぐす。
③いぶりがっこは、小口よりスライスする。
④いんげんはボイルし、乱切りにする。
⑤①～④と、みじん切りにしたカシューナッツを、白和え衣で和える。

白和え衣

◆ 材料

絹こし豆腐（水切りしたもの）	100g
白味噌	15g
練りごま	大さじ1
砂糖	大さじ1
淡口醤油	小さじ1/2
みりん	小さじ1
塩	少々

◆ 作り方
豆腐を裏漉しした後、あたり鉢で練り合わせる。

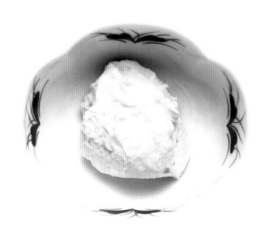

ミモレットチーズと百合根のかき揚げ

ゆり根と三つ葉とカラスミを合わせたかき揚げは酒の肴とし
て大変喜ばれます。これは、カラスミの代わりにミモレット
チーズを使い、ワインにも合う新しい味わいをつくりました。
チーズの塩みと旨みのバランスが評判を呼んでいます。

【材　料】〈4人前〉
ミモレットチーズ40g／さばき百合根60g／三つ葉10g／小麦粉適量
／揚げ油適量
※天ぷら衣（小麦粉1/2カップ／水100㎖／全卵1/2個）
【作り方】
①ミモレットチーズは、1㎝の角切りにする。
②百合根はさばいて1枚ずつにし、三つ葉は1.5㎝長さに切る。
③①②を合わせて小麦粉をまぶし、少量の天ぷら衣をつなぎ程度に入れ、
　170℃に熱した油で揚げる。

鯖へしこと長芋のカマンベール挟み揚げ

お酒によく合う珍味の一品。和のアンチョビともいわれる鯖
へしこと、なめらかな味わいのカマンベールチーズとの相性
が楽しめます。薄く切った長芋に挟むことで、程よい塩加減
になります。手でつまんで食べることができる気軽さも魅力。

【材　料】〈4人前〉
サバへしこ（スライス）4枚／長芋60g／カマンベールチーズ40g／
小麦粉適量／揚げ油適量／ピンクペッパー適量
※天ぷら衣（小麦粉1/2カップ／水100㎖／全卵1/2個）

【作り方】

①長芋は皮をむき、5mm厚さに切り、酢水に浸けたあと水にさらし、ぬ
　めりを取り、水気を拭き取る。

②へしこは糠を取ってスライスし、カマンベールチーズも長芋に合わ
　せて切る。

③①②に小麦粉で打ち粉をし、長芋で挟む。

④③に天ぷら衣を付けて、170℃に熱した油で揚げる。半分に切って
　盛り付け、ピンクペッパーを散らす。

ブルーチーズ
ソース

赤ワインにも白ワインにもよく合う和の料理。青カビで熟成させるブルーチーズの風味と塩味はクセになる味わいをつくります。そのブルーチーズとアワビの戻し汁でつくる贅沢なソースが、香り高い筍とよく合い、新しいおいしさが生まれます。

【材料】〈4人前〉

アワビ1個（200g）／淡口醤油適量／みりん適量／たけのこ1/2本／長芋40g／グリーンアスパラガス2本
赤万願寺唐辛子1本

【作り方】

① アワビは水洗いし、殻付きのまま霜降りにして殻をはずし、むき身にする。酒と水（分量外）でもどして、淡口醤油とみりんで味を付ける。

② たけのこは8等分し、八方だし（分量外）で下味を付ける。

③ 長芋は半月切りに、グリーンアスパラは根の部分の皮をむき乱切りにする。

④ 赤万願寺唐辛子は半割りにし、種を取除き、乱切りにする。

⑤ ①～③をサラダ油で炒め、焼き色が付いたらバターを入れ、馴染んだらアワビのもどし汁を入れ、みりんと濃口醤油で味を調え、仕上がり直前に角切りにしたブルーチーズを入れて火を止め、余熱で香りを出す。

◆材料

アワビ戻し汁	100㎖
バター	10g
ブルーチーズ	20g
みりん	適量
濃口醤油	少々
サラダ油	適量

伊勢海老と雲丹のカマンベール玉〆

【材　料】〈4人分〉

伊勢エビ1尾（200～250g）／さばき百合根12枚／菜の花4本／カマンベールチーズ80g／ウニ40g／玉地適量／伊勢エビソース120㎖

【作り方】

①伊勢エビは頭をはずし、上身にし、4等分して霜降りする。

②百合根、菜の花は、塩茹でしておく。カマンベールチーズは、外側の白かびの部分をカットしておく。白かびの部分は取っておく。

③器に②の百合根を入れ、玉地を注いで、85℃の蒸し器で15分蒸す。

④③に①の伊勢エビを盛り、1分ほど蒸して、ウニ、②のカマンベールチーズと菜の花を盛り、さらに1分蒸したら、伊勢海老ソースをかける。②で取っておいたカマンベールチーズの白かび部分を素揚げし、天盛りとする。

玉地

◆材料

だし	300㎖	淡口醤油	適量
全卵	2個（100㎖）	みりん	適量
塩	適量	※割合 だし3：全卵1	

◆作り方

①材料を混ぜ合わせる。

②なめらかな口当たりになるよう①を漉す。

伊勢エビの身だけでなく、ソースまでつくり出した贅沢な料理。ウニと卵の組み合わせに、伊勢エビのソースの餡をかけることで、より一層の旨味とコクを引き出します。さらに、とろけるカマンベールチーズのコクに加え、天に盛った揚げたチーズの皮の食感も楽しい一品に。

伊勢エビソース

◆ **材料**

伊勢エビの頭	1尾分	ローリエ	1枚
バター	20g	生クリーム	50㎖
玉ねぎ (スライス)	1/2玉分	みりん	適量
人参	100g	濃口醤油	適量
昆布	20g	水溶き葛粉	適量

◆ **作り方**

① 伊勢エビの頭は8等分に割り、バター炒めにする。

② 玉ねぎ、人参を加えて炒め、ひたひたの水と昆布、ローリエを入れ、煮詰めて濾す。

③ 生クリーム、みりん、濃口醤油で味を調え、水溶き葛粉でとろみを付ける。

活け蛸のピリ辛味噌焼き

活けタコをコチュジャンを混ぜ合わせたピリ辛味噌だれで和えて、熱々に焼いた石の上で炙るぐらいにサッと焼いて食べてもらいます。客自身が焼いて食べるセルフ調理の楽しさと、焼き立てのおいしさが喜ばれます。

【材　料】〈1人前〉
活けタコ100g／白髪ねぎ適量
【作り方】
①活けタコはシンクでしごきながら揉んで流水で良くすすぎ、ぬめりを完全にとり、余分な皮を掃除して食べやすい大きさにそぎ切りする。
②器に①を入れ、ピリ辛味噌をかけて白髪ねぎをあしらう。
③②を焼き石（陶板）の上にのせ、好みの焼き加減で食べる。

ピリ辛味噌

◆材料

白味噌	30g	米酢	大さじ1
赤味噌	10g	みりん	大さじ1
濃口醤油	大さじ1/2	だし	大さじ1
コチュジャン	10g	砂糖	小さじ1・1/2

◆作り方
材料を混ぜ合わせる。

剣先烏賊と温度玉子の酒盗和え

酒盗は酒のつまみ、ご飯のお供としても親しまれていますが、調味料としても優れた発酵食品。塩気をほどよく抜き、叩いて卵黄と混ぜ合わせまろやかな旨みの和え衣に。ケンサキイカの他に、タコや白身の魚、昆布〆の魚にもよく合う和え衣になります。

酒盗たれ

◆材料

酒盗	60g
煮切り酒	50ml
卵黄	1個

◆作り方

①酒盗は包丁で細かく叩いて大き目のさらしを敷いたざるに入れ、15分位水を張ったボウルの中にざるごと漬けて塩気を程よく抜く。
軽く流水ですすいでからさらしごと絞って水気をよく切る。

②①の酒盗をボウルに入れ、煮切り酒を入れてよく混ぜ、ザルで水気を切って卵黄を混ぜ込む。

【材　料】〈2人前〉

ケンサキイカ100ｇ／酒盗たれ適量／温度玉子（67度で25分加熱したもの）1個／花穂紫蘇少量

【作り方】

①ケンサキイカに細かく隠し包丁を入れ、糸造りにして酒盗たれを塩加減を見ながら少しづつ混ぜる。

②温度玉子の黄身を1/4の大きさに切って添える。

いくら飯蒸しブッラータチーズのせ

　会席料理のお凌ぎに出されることの多い飯蒸し。贅沢な材料や
珍しい材料と合わせることで酒に合う一品料理になります。イ
クラの醤油漬けをかけ、さらにブッラータチーズと合わせるこ
とで口当たりがよく、旨みが増して、印象に残る味わいに。

【材　料】〈4人前〉
もち米（蒸し上がったもの）160g／イクラ醤油漬け（P.97「いくらのバ
ルサミコ風味酢」参照）80g／ブッラータチーズ1袋／柚子適量
【作り方】
①蒸し上がったもち米を軽く握って器に盛り、イクラの醤油漬けをのせる。
②ブッラータチーズを切り、①にのせて振り柚子をする。

柚子胡椒あん

ピリ辛の柚子胡椒を加えた熱々の餡が食欲を刺激します。揚げたマイタケ、シメジ、パプリカ、湯がいた絹さや、針人参などを加え、豊かな味わいの餡に仕上げます。甘ダイの他にも、アブラメ、カレイ、マダイなどの白身がよく合います。

【材　料】〈2人前〉
甘ダイ100g／れんこん50g／かぼちゃ50g／なす1/2本／赤・黄パプリカ各1/8個／舞茸40g／片栗粉適量／揚げ油適量／しめじ40g／針人参少々／針絹さや2枚分／白ねぎ（せん切り）5㎝分／スプラウト少々

【作り方】
①甘ダイ（ウロコはすき引きにし、取っておく）は、ふり塩をして30分置いたら、水洗いし、水気をよく拭いて25gに切り出す。

②れんこん、かぼちゃはそれぞれ5㎜厚さに切り、なすは斜めに隠し包丁を入れて4等分に、パプリカは長めの乱切りにする。舞茸、しめじは4等分にさばく。

③①ときのこ類を除く②は、片栗粉をまぶし、170℃に熱した油で揚げる。パプリカはさっと油通しする。②のきのこ類は素揚げにして、気泡が出なくなるくらいまで揚げる。甘ダイのウロコも素揚げする。針人参と針絹さやは湯がく。

④材料に火が通ったら器に盛り、湯がいた針人参と針絹さやを、温めた柚子こしょうあんの中へ入れ、上からかける。

⑤白髪ねぎにスプラウトを混ぜ、天盛りにする。揚げたウロコを添える。

◆材料

だし ……………………………… 300㎖
みりん…………………………… 大さじ1
淡口醤油………………………… 大さじ1
柚子胡椒………………………… 小さじ1/2
水溶き片栗粉…………………………適量
※割合…だし20：みりん1：淡口醤油1

◆作り方

①だし、みりん、淡口醤油を合わせて火を入れる。

②水溶き片栗粉を入れ、最後に柚子胡椒を加えて火を止める。

太刀魚香草バターソースかけ

香草入りのバターソースをかけることで、淡白なタチウオ、蒸し野菜にほどよい旨みと香りが加わります。洋風味の酒に肴として、若い客や女性客に喜ばれる一品です。また、食事の際の一品料理として提供することも。

【材　料】〈2人前〉
タチウオ100g／じゃが芋30g／長芋30g／かぼちゃ30g／パセリ根30g／玉ねぎ50g／香草バター適量／パセリの葉5g／針人参適量／揚げ油適量

【作り方】
①タチウオは塩をして30分置き、水洗いした後、炭火焼きにする。

②じゃが芋、長芋、かぼちゃ、パセリ根は、半月切りにし、塩をして蒸し上げる。

③玉ねぎは輪切りにしてフライパンで焼き、仕上げに香草バターを入れる。

④③の玉ねぎを器に盛り、その上に①のタチウオを盛り、②の蒸し野菜を添えて香草バターをかける。パセリの葉をみじん切りにして散らし、針人参を揚げて天盛りにする。

香草バター

◆材料

無塩バター	250g
パセリの葉（みじん切り）	30g
大葉（みじん切り）	30g
エシャロット	30g
にんにく	15g
塩	少々
白胡椒	少々

◆作り方

バターは常温で柔らかくしてから、炒めた野菜と合わせ、冷蔵庫で固める。

三元豚ロースの茹で豚　糀南蛮チリソースかけ

山形県の特産品である青唐辛子糀漬けの〝香糀辛〟を、和風の豆板醤として使用。きめ細かい肉質で柔らかい三元豚を昆布だしで茹で、ピリッと辛いタレに合わせ、和風雲白肉（四川料理）のようなおいしさが後をひきます。三関せりなど香りが強い野菜もよく合います。

【材　料】〈2人前〉
三元豚ロース肉200g／三関せり1束／行者にんにく10本／昆布だし適量／糀南蛮チリソース適量
【作り方】
①せりは根を切り、水洗いし、水洗いした行者にんにくとともに塩をまぶし、昆布だしでボイルする。水気を切り、カットする。
②同じ昆布だしにて豚ロース肉を70℃くらいの温度で湯引きし、ザルにあげる。
③①②を器に盛り、糀南蛮チリソースをかける。

糀南蛮チリソース
こうじ

◆**材料**

トマトケチャップ	大さじ3
酒	大さじ1
砂糖	大さじ1
塩	少々
「香糀辛」※ または豆板醤	小さじ1
生姜 (みじん切り)	小さじ1
にんにく (みじん切り)	小さじ1
白ねぎ (みじん切り)	小さじ1
濃口醤油	小さじ1/2

※「香糀辛」は青唐辛子の糀漬けをペースト状にしたもの

◆**作り方**

①生姜、にんにく、白ねぎを炒め、香りが出たら香糀辛を加える。

②①に残りの材料を合わせて、火を入れる。

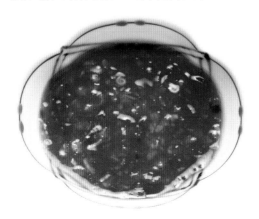

鰤とサーモンの千枚蕪巻　三種の変わりたれを添えて

蕪寿司をイメージしてつくりました。ブリとサーモンを甘酢に漬けたかぶで巻き、麹タルタルソース、柿酢、アンチョビ黄味酢の三種の変わりたれで味わってもらいます。サワラや酢〆のブリを巻くと、また違った味わいが生まれます。

【材　料】〈2人前〉

ブリ・サーモン（1.5cmの正方形で千枚蕪で巻ける位の長さの短冊切り）1本ずつ／かぶの千枚漬け2枚

【作り方】

①ブリ、サーモンは薄塩をしてバットに並べ、30分置いてからキッチンペーパーで臭みをふき取る。

②かぶの千枚漬けの水気をキッチンペーパーで拭き取り、下準備をしたブリとサーモンを巻いて1cm幅位で切る。

③②を器に盛り付け、麹タルタルソース、柿酢、アンチョビ黄味酢を添える。好みで食用花をあしらったりすれば女性好みの一皿になる。お酒のあてにはソースだけを上からかけたりして食べやすく供する。

麹タルタルソース

柿酢

アンチョビ黄味酢

◆ **材料**
ゆで玉子 … 1/2個 (白身は粗みじんにしておく)
麹甘酒………………………………大さじ1
米酢…………………………………大さじ1
荒味噌………………………………大さじ1
マヨネーズ…………………………小さじ1
ケイパー (粗みじん) ………………小さじ1
ラッキョウ (粗みじん) ……………小さじ1
練り辛子……………………………適量

◆ **材料**
あんぽ柿 (種とへたを除いた
柔らかいもの) ………大さじ2
土佐酢………………………大さじ1

◆ **材料**
黄味酢…………………………30g
アンチョビ (潰したもの)
………………………………5g

桜鯛とタイラギの生海苔ジュレかけ
春野菜のサラダ仕立て

サラダ仕立てにした刺身料理。桜ダイは皮目を炙り、タイラギも炙ることで素材の甘みが増します。生海苔を加えた土佐酢のジュレの磯の香りとまろやかな酸味との相性がよく、さらに、うどやたらの芽、こごみなどの春野菜の香りが料理の魅力を高めます。

【材　料】〈4人前〉

桜ダイ200ｇ／タイラギ1/2個／赤ねぎ1/4本／うど1/4本／たらの芽４本／こごみ４本／木の芽４枚／花びら人参８枚／すだち１個／エクストラバージンオリーブ油適量／バリ島ピラミッド塩適量／吸地八方適量

【作り方】

①うど（皮付きのまま）、赤ねぎをアルミホイルでくるんで炭火でほっこり火が通るまで焼く。
　（炭火が無ければ中～弱火のフライパンでも可）。

②こごみは塩を少し入れた熱湯で湯がいて氷水にとり水気を拭く。花びら人参は湯がいて吸地八方に漬ける。

③たらの芽は小麦粉を打って170℃の油でカリッと揚げる。

④鯛の皮目に皮が切れるくらいの浅い包丁を入れ、バーナーで皮に櫛が通る柔らかさまで炙って、食べやすいように皮目に隠し包丁を入れる切りかけ造りにする。

⑤タイラギは掃除をして半分の大きさに切り厚さ１cm位にスライスする。

⑥生海苔ジュレとエクストラバージンオリーブ油を皿の上に敷き、④を盛り、①～③、木の芽、花びら人参をあしらい、最後に薄塩をあててバーナーで軽く炙ったタイラギを添え、食べる直前に全体にすだちを絞る。ピラミッド天日塩を添える。

生海苔ジュレ

◆材料

土佐酢 ································· 100㎖
生海苔 ································· 5g
ゼラチン ································· 2g

◆作り方

ジュレの材料の土佐酢に水で戻したゼラチンを入れて沸かし、ボウルに移して　氷水にあて、ゼラチンが固まってきたら生海苔を入れる。

桜鯛と赤貝のいちご酢かけ

イチゴの甘味とほどよい酸味のソースは魚介類との相性がよく、魚介類がサラダ感覚の酢の物に仕上がります。タイ、赤貝、イカ、そしてボイルした筍を重ね盛りし、サイコロ状にしたイチゴや木の芽などを散らすお洒落な盛り付けが客の目を引きます。

【材 料】〈2人前〉
タイ（上身）40g／赤貝1個／イカ40g／たけのこ（スライス）4枚／うすいえんどう豆6粒／いちご酢適量／いちご（飾り用）1粒／えんどう豆の新芽2本／木の芽6枚

【作り方】
①タイは皮を引いてへぎ造りにし、酒を吹き付けた昆布の上に並べ、ラップにくるんで2時間ねかせる。
②赤貝は殻から外し、ヒモと身に分ける。身は半割りにしてわたを取り除き、塩もみしてぬめりを取り、水洗いして鹿の子に包丁を入れる。
③イカはへぎ造りにする。
④たけのこは八方だし（分量外）でさっと湯がき、うすいえんどう豆はボイルしておく。
⑤①〜④を交互に重ね盛りにし、いちご酢をかけて、サイコロ状に切ったいちご、えんどう豆の新芽、木の芽を散らす。

いちご酢

◆材料
土佐酢 ……………………………… 50mℓ
いちご（裏漉し）………………… 25g

◆作り方
材料を混ぜ合わせる。

サーモンマリネと炙り鮪のサラダ仕立て

「焼き玉葱のドレッシング」と「アボカドと水切りヨーグルトのディップ」の二種類の味を楽しんでもらいます。「焼き玉葱のドレッシング」は幅広く使え、サラダ、カルパッチョ、ローストビーフなどにもよく合い、作り置きもできる便利さも。

【材　料】〈4人前〉
サーモン100ｇ／マグロ100ｇ／レモン1個／ディル（生）、サラダ野菜（ベビーリーフなど）／食用花／紅芯大根100ｇ／甘酢100㎖／塩少々／あらびき黒胡椒

【作り方】

①料理の下準備をする。
　サーモンはうす塩、あらびき黒胡椒、荒くちぎったディル（生）、スライスレモンでマリネをしてキッチンペーパーとラップでくるみ、一晩置く。
　紅芯大根は好みの大きさに切り、立て塩に漬け、しんなりしたら軽く洗い流して甘酢に漬けて一晩置く。

②マリネしたサーモンはレモンとディルを取り除いて食べやすい大きさに切る。

③マグロは縦半分に切り、半分は薄塩をあててバーナーで表面を炙り、半分は生で切る。

④器にレモンスライス、サラダ野菜、紅芯大根甘酢漬、サーモンとマグロを盛り付けて焼き玉葱ドレッシングを全体にかけ、アリッサムやエディブルフラワー、エンドウの新芽などの食用花やハーブをあしらう。

アボカドと水切りヨーグルトのディップ

◆材料

アボカド（熟した大玉）
……………… 1/2個
プレーンヨーグルト‥200g
レモン果汁……… 大さじ1
ポン酢…………………50㎖

細かいみじん切りの玉ねぎ
……………… 大さじ2
はちみつ ………… 大さじ1
オリーブ油………… 大さじ1
あらびき黒胡椒・塩…適量

◆作り方

①プレーンヨーグルトは清潔なさらしに包み、球状にしてしっかり口を縛り、ボウルを受けたザルの中に入れて一晩冷蔵庫で水を切る（さらしの上でまとまる位の状態まで水を切る）。

②ボウルに種を取って皮をむいたアボカドを入れ、泡立て器で軽く潰す。

③②のボウルに他の材料を混ぜ合わせる。変色しやすいので使う直前に合わせる。

焼き玉葱のドレッシング

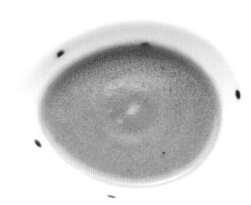

◆材料

玉ねぎ（大きくて身の
しっかりした綺麗なもの）
……………… 大1個
濃口醤油…………… 100㎖

米酢…………………… 100㎖
サラダ油………………50㎖
白胡椒………………… 少々

◆作り方

①玉ねぎはアルミホイルで全体を底から焦げないように包み込み、250℃のオーブンで焼く。
焼けたら冷まして皮と根を取り除く。

②ミキサーに①と他の材料を入れてよく攪拌する。

※煮沸消毒した容器で2週間程保存可能。

生雲丹ベシャメルソース東寺揚げ

洋食のベシャメルソースを湯葉で巻いて、和風に仕上げた揚げ物料理。食べた時に湯葉のパリパリ感とベシャメルソースのなめらかな口当たりが楽しめます。ソースの中にも、天にもウニを盛り、さらに伊勢エビのソースを敷く贅沢な味わいが売り物です。

【材　料】〈2人前〉
生ウニ50g／ベシャメルソース100g／引き上げ湯葉　または　春巻きの皮（10㎝角）2枚／伊勢エビソース大さじ2／あさつき（みじん切り）5g

【作り方】
①生ウニの半量とベシャメルソースを混ぜ合わせる。
②湯葉を広げ、①をのせて包む。止め口に卵白を塗る。
③170℃に熱した油で揚げ、3等分に切り、残りのウニを点盛りして器にのせる。器の余白に伊勢エビソース（p.102参照）を流し、あさつきを散らす。

ベシャメルソース

◆材料
牛乳……………………………………… 100㎖
バター ……………………………………… 10g
小麦粉……………………………………… 10g
マッシュルーム（みじん切り）…………15g
玉ねぎ（みじん切り）………………………30g
塩、胡椒、砂糖 ……………………………各少々

◆作り方
①鍋に小麦粉を入れ、弱火にかけ、バターを入れ、焦げないよう注意して練る。
②温めた牛乳を少しづつ入れ、練り上げる。
③炒めたマッシュルーム、玉ねぎを入れ、塩、胡椒、砂糖で味を調える。

焼きたら白子
豆鼓醤ポン酢かけ

ポン酢で味わうことの多い白子。ここではポン酢に、黒豆を発酵させた中華調味料・豆鼓醤を加えることで、独特の風味と香りのオリジナル料理に高めました。焼いて甘みを増した神戸ブランド野菜〝北神ねぎ〟を添えます。

【材　料】〈2人前〉
タラ白子100g／北神ねぎ50g／豆鼓醤ポン酢適量

【作り方】

① タラ白子はひと口大に切り、塩もみしてぬめりを取り、水洗いした後たて塩に30分程漬ける。

② ①の白子を昆布だし（分量外）で霜降りした後、バーナーで焼き目をつける。

③ 北神ねぎはひと口大に切って串を打ち、塩（分量外）をして炭火で焼く（フライパンでもよい）。

④ ②と③を盛り、豆鼓醤ポン酢をかける。

豆鼓醤ポン酢
（トウチジャン）

◆ 材料

ポン酢 ……………………………… 30㎖
豆鼓醤 ……………………………… 小さじ1

◆ 作り方

材料を混ぜ合わせる。

甘鯛のかぶと唐揚げバルサミコ酢だれ山椒風味

バルサミコ酢はそのまま料理にかけたり、加えるだけでおいしくなりますが、煮詰めると酸味が飛び、コクが出ます。酒、醤油、みりん、砂糖を加えて煮詰め、深みのあるたれをつくりました。骨まで食べられるまでじっくり揚げ、バルサミコ酢ソースにからめます。

【材　料】〈2人前〉

甘ダイの頭1尾分／片栗粉適量／バルサミコ酢たれ適量／粉山椒…適量

【作り方】

①甘ダイの頭は半割りにし、血合いを洗い流し、さらに目、口、カマに分割し、キッチンペーパー等で水分をよく拭く。

②①に片栗粉をまぶし、170℃に熱した油で気泡がなくなるくらいまで揚げ、揚げたての熱いうちに、バルサミコ酢たれを絡め、粉山椒を振る。

バルサミコ酢たれ

◆**材料**

バルサミコ酢……………………… 50mℓ
酒………………………………… 50mℓ
みりん…………………………… 50mℓ
濃口醤油………………………… 50mℓ
水………………………………… 50mℓ
砂糖……………………………… 50g

◆**作り方**

バルサミコ酢を煮詰めてから、残り
の調味料を合わせ、ひと煮立ちさせる。

オーロラソース

◆材料

米酢	100㎖	ケチャップ	50㎖
サラダ油	100㎖	マヨネーズ	50㎖
蒸した人参	1/2本	クリームチーズ	25g
玉ねぎ	1/4個	砂糖	小さじ1
おろしにんにく	1/2片	塩・胡椒	適量
リンゴ	1/8個		

◆作り方

材料をミキサーに入れ、よく攪拌する。

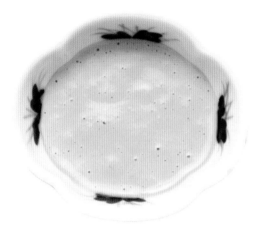

帆立と車海老のオーロラソース和え

オーロラソースは、ボイルした魚介のサラダや白身魚のカルパッチョサラダによく合うソースです。色合いも明るく、華やかな料理に仕上ります。ピンクグレープフルーツをくり抜いて器にし、お洒落感のある演出を行ない、女性客も喜こぶ一品にしました。

【材 料】〈4人前〉
車エビ4尾／ホタテ貝柱2個分／フリルレタス4枚／イタリアンパセリ少々／グレープフルーツ1個／酒大さじ2／塩少々／胡椒少々

☆揚げ衣：A　卵白1/2個分、塩少々
　　　　　B　水大さじ1・1/2、片栗粉大さじ1, 小麦粉大さじ1

【作り方】

①下準備をする。
　・グレープフルーツ釜に盛り付ける場合は半分に割り、スプーンでくり抜いてフリルレタスを敷いておく。果肉は薄皮をむいておく。
　・車エビ、ホタテ貝は掃除してホタテ貝柱は1/4に切って薄塩と酒大さじ2をもみこんでおく。

②揚げ衣のAをボウルに入れ泡立て器で角が立つまで泡立て、そこに混ぜ合わせたBを加えて泡をつぶさないように混ぜる。

③車エビ、ホタテ貝の水気をリードペーパーでよく拭き取り、胡椒を振って打ち粉をし170℃の油で②をつけて揚げる。車エビの頭は素揚げにする。

④③とグレープフルーツ果肉をフリルレタスの上に盛り付け、オーロラソースをかけてイタリアンパセリ、エビの頭をあしらう。

蛸と穴子の唐揚げ　焼きトマトのチリソース

タイ料理やベトナム料理などに使われるエスニック調味料のスイートチリソース。トマトを焼いて甘みと旨味を引き出し、スイートチリソース、オリーブ油、土佐酢と混ぜ合わせ、和食に合う調味料に。唐揚げの他に、バターソテーにも使えます。

【材　料】〈2人前〉
活タコ80ｇ／伝助アナゴ80ｇ／千両なす1/2本／バジルの葉5枚

【作り方】
①活タコはシンクでしごきながらよく手でもみ、流水にてよくすすいで完全にぬめりをとる。（身が弱るので塩は使わない。）
さっと霜降りをして、余分な皮を取り除き、隠し包丁を入れて食べやすい大きさに切る。
伝助アナゴも骨切りをして4つに落とす。
②①に塩・胡椒をして小麦粉をまぶし、油を熱して160℃でバジルの葉を素揚げし、次に170℃でタコ、伝助アナゴ、輪切りにした千両なすを揚げる。
③焼きトマトのチリソースに刻んだバジルを混ぜ器に敷く。
その上に②の千両ナスと伝助アナゴ、周りにタコを盛り付けて天盛に素揚げしたバジルをあしらう。

焼きトマトのチリソース

◆材料

ミニトマト	8個	塩	少々
スイートチリソース	大さじ1	あらびき黒胡椒	少々
オリーブ油	大さじ3	バジルの葉	適量
土佐酢	大さじ1		

◆作り方

ミニトマトは半分に切って薄塩を振り、天板にオーブンシートを敷いて180℃のオーブンで15分焼いて冷まし、シートの果汁ごと他の材料と混ぜ合わせ、3時間以上置いて、トマトの甘みを引き出す。バジルの葉は素揚げして天盛する大きな葉以外は刻んでおく。

野菜のディップいろいろ

野菜のおいしさを引き立てる6種類のディップソースを楽しんでもらいます。胡麻クリームと白玉味噌をベースにナッツ類、枝豆、トマト、唐辛子糀漬け…などのいろいろな材料を加えて、味わいの違ったディップソースをつくります。

【材　料】〈1人前〉

うど／かぶ／パプリカ（黄）／パプリカ（赤）／金時人参／きゅうり／大根／アスパラガス／サラダごぼう（素揚げ）／紅芯大根／ラディッシュ／ディップ類（ピスタチオディップ・トマト味噌・黒胡麻ディップ・吟醸酒粕ディップ・糀南蛮味噌・枝豆ディップ）

【作り方】

①野菜は下処理をして、食べやすいサイズのスティック状に切り揃え、器に盛りつける。

②ディップ類はそれぞれ別の器に入れ、①に添える。

ピスタチオディップ

◆材料

胡麻クリーム ……………………… 100g
ピスタチオ（むき身）…………… 50g

◆作り方

ピスタチオはむき身にし、当たり鉢ですりつぶし、胡麻クリームを合わせてよく練る。

トマト味噌

◆材料

白玉味噌 ………………………… 200g
トマトジュース ………………… 50ml
ドライトマト（みじん切り）……… 100g

◆作り方

材料をすべて混ぜ合わせ、10分程練る。

黒胡麻ディップ

◆材料

黒炒りごま ……………………… 大さじ5
黒練りごま ……………………… 30g
砂糖 ……………………………… 20g
淡口醤油 ………………………… 15ml
煮切りみりん …………………… 15ml
昆布だし ………………………… 45ml

◆作り方

材料をすべて混ぜ合わせ、よく練る。

吟醸酒粕ディップ

◆材料

吟醸酒の酒粕（やわらかいもの）
………………………………… 200g
煮切り酒 ………………………… 大さじ2
煮切りみりん …………………… 大さじ1.5
淡口醤油 ………………………… 大さじ2
砂糖 ……………………………… 50g
塩 ………………………………… 10g

◆作り方

材料をすべて混ぜ合わせ、よく練る。

糀南蛮味噌

◆材料

白玉味噌 ………………………… 200g
「香糀辛」………………………… 小さじ1
※青唐辛子の糀漬けをペースト状にしたもの

◆作り方

材料を合わせ、よく練る。

枝豆ディップ

◆材料

胡麻クリーム …………………… 100g
枝豆（むき身）…………………… 50g

◆作り方

枝豆のむき身を当たり鉢ですりつぶし、胡麻クリームを合わせて練り上げる。

白玉味噌

◆材料

白味噌………… 200g	酒………………… 50ml
卵黄………… 1個分	みりん………… 30ml
砂糖………… 大さじ1	

◆作り方

材料をすべて合わせ、10分程練る。

胡麻クリーム

◆材料

白炒りごま… 大さじ5	淡口醤油………… 15ml
白練りごま……… 30g	煮切りみりん…… 15ml
砂糖……………… 15g	昆布だし………… 45ml

◆作り方

材料をすべて合わせ、練り上げる。

あん肝豆腐　バター醤油あんかけ

あん肝を裏ごしし、玉地と合わせてつくる濃厚な味わいの変わり豆腐。だしに醤油、みりん、バターを加えてつくるバター醤油あんをかけて提供します。あんにバターを入れることで、まろやかな味わいになります。アクセントに有馬山椒を天にのせます。

【材　料】〈2人前〉
あん肝100g／玉地適量／さばき百合根40g／松の実6粒／有馬山椒（味付）6粒

【作り方】

①あん肝はうす皮を取り除き、3等分に切り、塩もみして流水にさらして血と臭みを洗い流し、たて塩に30分程漬けた後、昆布を敷いたバットに並べ、85℃の蒸し器で25分間蒸す。

②①のあん肝を裏漉しして玉地と合わせ（玉地1：あん肝0.5の割合）、下茹でした百合根と松の実を入れ、ラップで茶巾に絞り、輪ゴムでとめて85℃のお湯の中へ入れ、15分同じ温度を保って火を通す。

③②のあん肝豆腐のラップをはがして器にのせ、バター醤油あんをかけ、有馬山椒を天盛りする。

玉地

◆材料

だし ……………………………… 100㎖
全卵（Lサイズ）…………… 1個（50㎖）
塩……………………………………少々
淡口醤油 ……………………… 小さじ1
みりん……………………………… 小さじ1
※割合…だし2：全卵1：淡口醤油1：みりん1

◆作り方

①材料を混ぜ合わせる。
②なめらかな口当りになるよう①を漉す。

バター醤油あん

◆材料

だし ……… 200㎖	砂糖…大さじ1/2
みりん……… 50㎖	無塩バター…20g
濃口醤油… 50㎖	水溶き葛粉 ·適量

◆作り方

材料を混ぜ合わせて火を入れ、あんを作り、最後に無塩バターを加える。

ホタル烏賊とレタスの小鍋

旨味成分が凝縮された魚醤 "いしり" を鍋地に使用しました。大豆を発酵させてつくる醤油と違った濃厚な味がお酒をすすめます。レタスのシャキシャキ感とホタルイカの旨味がいしり醤油を使うことでさらに増して、独自の風味をもつ印象的な鍋料理に。

【材　料】〈1人前〉
ホタルイカ20尾／レタス50g／田辺大根200g／いしり鍋だし適量

【作り方】
①ホタルイカは霜降りした後、目、口、軟骨を取り除く。
②レタスはひと口大にカットする。
③田辺大根は皮をむき、半月に切って面取りした後、下茹でし、水気を拭き取って160℃に熱した油で揚げる。
④いしり鍋だしに③の大根を入れ、味を含ませ、レタス、ホタルイカを入れ仕上げる。

いしり鍋だし

◆材料
だし………………………………300㎖
みりん……………………………20㎖
淡口醤油…………………………15㎖
いしり醤油………………………5㎖
※割合…だし15：みりん1：(淡口醤油+いしり醤油) 1

◆作り方
材料をすべて混ぜ合わせる。

┌─ 著者紹介 ─
│ 吉田 靖彦
│ よしだ やすひこ
│ 大阪・心斎橋『割烹 鶴林よしだ』を経営、その後、弟子に移譲。日本のみならず海外にも
│ 料理指導を行なうなど幅広く活躍 (1951年-2021年)。「酢の料理大全」「和食店の人気のご
│ 飯料理大全」「和風デザート・和風菓子大全」「人気の麺・麺料理大全」「新しい日本料理
│ の魅力をつくる　四季の食材の組み合わせ方」(以上、小社刊) など著書多数。
└

人気料理をつくる

和食の「たれ・合わせ調味料」

発行日　　令和4年3月30日　初版発行

著者　　　吉田靖彦
　　　　　よしだ やすひこ
発行者　　早嶋　茂
制作者　　永瀬正人
発行所　　株式会社 旭屋出版
　　　　　〒160-0005
　　　　　東京都新宿区愛住町23-2 ベルックス新宿ビルⅡ 6階
　　　　　販売部　TEL 03 (5369) 6423
　　　　　　　　　FAX 03 (5369) 6431
　　　　　編集部　TEL 03 (5369) 6424
　　　　　　　　　FAX 03 (5369) 6430
　　　　　旭屋出版ホームページ http://www.asahiya-jp.com
　　　　　郵便振替　00150-1-19572

印刷・製本　共同印刷株式会社

■料理制作協力／「なかむら」中村博幸・吉田梢
■撮影／吉田和行
■デザイン／株式会社BeHappy

※本書は、「和食の人気のたれ・合わせ調味料」(平成19年刊) に新しい料理と新
　しいたれ・合わせ調味料を加えて再編集し、改題したものです。